幼儿园比大学更重要

陪孩子走过关键3年

刘文献◎著

朝華出版社
BLOSSOM PRESS

图书在版编目（CIP）数据

幼儿园比大学更重要. 陪孩子走过关键3年 / 刘文献著. -- 北京 : 朝华出版社, 2019.10
ISBN 978-7-5054-4538-3

Ⅰ. ①幼… Ⅱ. ①刘… Ⅲ. ①学前教育—教学研究 Ⅳ. ①G612

中国版本图书馆CIP数据核字(2019)第187818号

幼儿园比大学更重要——陪孩子走过关键3年

作　　者　刘文献

选题策划　王　剑
责任编辑　韩丽群
责任印制　张文东　陆竞赢
封面设计　异一设计

出版发行　朝华出版社
社　　址　北京市西城区百万庄大街24号　　邮政编码　100037
订购电话　（010）68996618　68996050
传　　真　（010）88415258（发行部）
联系版权　j-yn@163.com
网　　址　http://zhcb.cipg.org.cn
印　　刷　三河市三佳印刷装订有限公司
经　　销　全国新华书店
开　　本　710mm × 1000mm　1/16　　字　　数　179千字
印　　张　14
版　　次　2019年10月第1版　2019年10月第1次印刷
装　　别　平
书　　号　ISBN 978-7-5054-4538-3
定　　价　35.00元

前言

我曾在书上读到过一则这样的故事：

1978 年，有 75 位诺贝尔奖获得者在巴黎聚会，记者向其中一位提问："请问在您的一生中，您最重要的东西是在哪所大学或者哪所实验室里学到的？"这位白发苍苍的学者回答："是在幼儿园。"记者感到非常震惊，问其原因，学者回答："在幼儿园里，我学会了很多很多。比如：把自己的东西分一半给小伙伴们；不是自己的东西不要拿；东西要放整齐；饭前要洗手；午饭后要休息；做错了事要表示歉意；学习要多思考；要仔细观察大自然。我认为，我学到的全部东西就是这些。"在场的所有人对此报以热烈的掌声，这说明他的回答同时得到了其他所有诺贝尔奖获得者的认同。

这个故事告诉我们：幼儿园教育的作用就相当于高楼大厦的根基，不仅仅是为孩子的小学教育打基础，也是为孩子的整个人生打基础。孩子在幼儿园阶段的基础打得是否坚实、牢固，影响着孩子未来能否获得充分发展，甚至决定着孩子将来能否发展到更高的水平。从这个意义上来说，幼儿园比大学更重要。

我女儿静云读幼儿园时，我经常接送她上下学，与老师打交道比较多。

孩子幼儿园毕业时，老师邀请我作为家长代表发言时，我心底还闪过一丝犹豫："会不会是因为静云自身素质还不错，还是我的积极配合，老师才会给我这个机会，与其他家长分享教育心得？"

这个疑问一直困扰着我。

后来，静云成了一名小学生。小学只要求家长送到校门口，不允许我们进入校园，所以，我一直没有正面与老师交流的机会。直到第一次开家长会的前三天，班主任李老师主动联系了我，并且邀请我作为家长代表和其他家长分享育儿心得。那一刻，我才真正确定我对静云的家庭教育是有一定成效的。

幼儿园作为孩子踏入的第一个小社会，对孩子的影响力绝对超出家长的想象。孩子的学习与生活习惯将在这一时期初步成型；孩子的智力、社交能力、语言能力将进入爆发期；孩子的个人喜好与气质也将逐渐形成……在家庭教育中，作为家长，我们务必重视这个重要的阶段。

在本书中，我将通过分享自己多年的育儿经验，并结合上百本育儿书的理论知识，以情景再现的方式，向家长阐述如何在幼儿园阶段把孩子的教育渗透到日常生活的方方面面。正是这种潜移默化的教育，培养了孩子生活与学习方方面面的能力，为孩子未来的发展奠定了坚实的基础。

如果家长能够认真对待幼儿园这一教育的关键时期，高度配合幼儿园老师，真正实现家园共育，那么育儿效果必定非常显著。

还有一点值得强调，那就是不论我们觉得他人的育儿经验有多好，多么富有成效，也不能完全照搬照抄，而应该把他人的育儿经验当作一种有益的参考。然后，结合自家孩子的实际情况摸索出一条适合自己孩子的育儿之路。另外，父母在帮助孩子提升综合素质、开发潜能的过程中，还应时刻提醒自己：我们面对的毕竟只是一个孩子，这需要我们有足够的耐心和包容心。

最后，希望每位家长都能培养一个优秀的孩子！

目　录

第一章　幼儿园 3 年，孩子一生最关键的时期

美国心理学家杰明斯通过研究得出结论：人的智力 70% 左右是在 6 岁前获得的，换句话说幼儿园时期孩子的智力开发对孩子一生的发展具有举足轻重的地位。

除了智力的开发，幼教的另一个方向便是影响孩子终身的习惯与性格的形成。这一时期孩子可塑性强，自我评价体系尚未建立，如果家长配合幼儿园对孩子施以正确的教育，好好引导，帮助孩子形成良好的习惯与个性，孩子将受益一生。

第二章　父母的改变决定孩子的未来

为了我们的孩子健康快乐成长，为了他们一生的幸福，作为父母，我们应该多学习、多反思：对孩子不同成长阶段的心理、行为是否有基本的了解？有没有真正给予孩子亲切、慈爱、陪伴？对孩子的教育是否科学、合理？在孩子的成长过程中有没有起到模范作用？这一切都需要我们为人父母者认真思考。

第三章　最关键的事：帮孩子做好充分的入园准备

孩子在家“圈养”了 3 年，突然要去过集体生活了，除了要训练他自主用餐、如厕、懂得表达需求外，我们还应该为孩子做一些必要的物质准备与心理准备。准备越充分，孩子适应越迅速，家长与老师才能越省心。

第四章　克服分离焦虑，让孩子开开心心上幼儿园

没有爸妈给的安全感，只有老师同学陌生的面孔，这些无疑是孩子惧怕去幼儿园的原因。对症下药，多准备、多演练，变陌生为熟悉，孩子就会感觉好多了。

再让孩子看看幼儿园的滑梯、玩具，看看哥哥姐姐怎样唱歌、跳舞、做游戏……当孩子在幼儿园里所经历的每一天都那么精彩，他们就会觉得幼儿园有一种无形的吸引力，就会有“想上幼儿园”的欲望。

第五章　了解幼儿园生活：幼儿园究竟学什么

让孩子健康茁壮成长，各方面能力逐步提升，知识有所延展，情感有所丰富，是幼儿园的责任，也是家长的责任，为了达到上述目标，真正实现家园共育，家长们和老师一样，任重道远。作为家长，我们首先需要知道幼儿园究竟学什么。

第六章　引导孩子学会与小朋友沟通，发展社会能力

社会能力是一种多种能力结合的综合能力，包括与人相处的能力、表达能力、情绪管理能力、观察能力以及生活技能，等等。研究表明，社会能力会直接影响孩子在学校的表现，和同学相处得好的孩子，会更喜欢学校和老师，不容易逃课，在学业成绩上表现更好。

第七章　幼儿园3年，好习惯决定孩子的一生

美国著名教育家曼恩说：“习惯就像一根缆绳，我们每天给它缠上一股新索。要不了多久，它就会变得牢不可破。”

良好的习惯不是一朝一夕养成的，必须经过较长时间的训练才能逐步养成。因此，父母要想培养孩子良好的习惯，绝不能三天打鱼，两天晒网，而是要坚持到底。

第八章　培养独立、自信、负责的高情商孩子

从孩子脱离母体开始，他的整个成长过程也是与父母分离的过程，一定限度内，这种分离越早，对孩子的成长越有好处。

父母应该为孩子提供一个宽松的成长环境，让孩子学会自己的事情自己做，自己的问题自己解决，自己的人生自己负责。

第九章　幼小衔接的精髓：培养学习习惯与学习能力

从幼儿园以玩为主到小学以学为主，幼小衔接可以说是孩子人生道路上的第一个转折点。环境变化、学科任务加重，许

多孩子会一下子不能适应。因此，幼小衔接工作至关重要。

如果家长为孩子做了充分、有意识的入学准备，从生活、学习、身心等各方面全面落实到位，孩子在挑战角色转变的时候就能轻松应对，拥有一个精彩的开始。

第十章　家园共育，与老师智慧地沟通

只有通过与老师沟通，家长才可以更全面地了解孩子的另一面，同时也可以让老师更深入地了解孩子，从而实现默契、有效的家园共育。

所以说，家长与幼儿园老师的沟通是否良好，方法技巧是否得当、正确，是关乎孩子健康快乐成长的重要因素。

Kindergarten

第一章

幼儿园3年，孩子一生最关键的时期

美国心理学家杰明斯通过研究得出结论：人的智力 70% 左右是在 6 岁前获得的，换句话说幼儿园时期孩子的智力开发对孩子一生的发展具有举足轻重的地位。

除了智力的开发，幼教的另一个方向便是影响孩子终身的习惯与性格的形成。这一时期孩子可塑性强，自我评价体系尚未建立，如果家长配合幼儿园对孩子施以正确的教育，好好引导，帮助孩子形成良好的习惯与个性，孩子将受益一生。

幼儿园是孩子接触的第一个小社会

幼儿园是孩子踏入的第一个小社会，也是孩子成长过程中的一个重大转折点，孩子从这里开始接触更多陌生的人、事、物，从不知所措，到慢慢摸索，发展自己的友谊，在没有爸妈的帮助下独立解决与小伙伴的冲突，努力克服困难，照顾好自己……这么看来，我们的孩子也挺不容易的。

具体而言，孩子在幼儿园阶段会有哪些变化呢？

1. 通过老师的帮助和自身的努力，孩子的生活自理能力有了质的进展

进幼儿园之前，我女儿静云时而自己吃饭，时而撒娇让奶奶喂饭。进入幼儿园之后，她告诉我们："爸爸、妈妈、奶奶，我长大了，以后我自己可以吃饭，再也不用你们喂了。"有时候奶奶担心她吃太少，想要喂几口，她也学会了拒绝，并且礼貌地告诉奶奶："谢谢奶奶，我已经吃饱了。"不小心把饭菜撒地上了，她还会自己捡起来扔进垃圾桶。她认为好吃的菜，会主动夹给长辈，让他们也尝尝味道。

进幼儿园之前，静云总是玩得忘乎所以，即使满头大汗，也不喜欢被我们领去洗澡。进幼儿园之后，静云要求我们教她自己洗澡、洗头，擦干头发、身体，几次之后，她居然将我们请出了门外，还反锁了洗手间的门，自己把全身洗得干干净净。

进幼儿园之前，我们总要跟在后面收拾静云的东西，多次提醒也不见成效。进幼儿园之后，在老师的教导下，她懂得了把玩过的玩具收拾好，学过的课本收进书包，等等。回到家里，我们再要求她收拾自己的玩具与书包时，竟变得如此简单。几次之后，她就能自觉收拾，无须我们提醒。

经过幼儿园的 3 年，静云自己的事情都可以自己做了，她真的长大了。

2. 通过老师的指点、在园的实践，孩子的沟通能力与理解能力突飞猛进

静云刚入幼儿园的时候，我问她："云云，今天学校里发生了什么有意思的事情吗？"她回答："没有。"我再问她："云云，老师今天都给你们上了什么课呀，你觉得哪堂课最有意思？"她回答："我忘记了。"

经过 3 年的师生相处，静云在老师的带领下学习、生活、游戏，她有了一大群好朋友，也经常得到老师的表扬。通过与人相处，她的沟通能力、理解能力不断得到提升。当她带着老师发下来的奖状回家时，我夸奖她："静云，看样子你在幼儿园表现还不错，都拿奖状了。"她一脸淡定地望着我说："妈妈，为了鼓励我们好好学习，听老师的话，幼儿园的每个孩子都有奖状，只是这次轮到我了。不过，你放心，有没有奖状，我每天都会好好听课，好好表现的。"家人听到她这么说，认为她小小年纪竟然能够把事情理解得这么透彻，非常了不起。

3. 通过与老师相处、与同学交往，孩子懂得了分享、合作、包容、团结

静云的表弟尚尚入幼儿园之前有着非常强烈的占有欲，在他视野范围内的东西，只要他喜欢，谁也不能动，谁要是动了他就又哭又闹，还要求爸爸妈妈教训对方。可是进入幼儿园之后，在老师的教育下，他竟然不到一学期就学会了与人分享。尚尚见到静云，会主动拿出自己的新玩具邀请姐姐一起玩，还会翻箱倒柜拿出零食请姐姐吃。

尚尚与静云一起玩游戏的时候，还懂得很好地配合姐姐的节奏，有时候静云的动作太快了，他跟不上，便嚷着说："我再也不和你玩儿了。"不到一会儿，他又会找姐姐说："姐姐，我们一起玩儿吧！"静云逗他："你不是不和我玩了吗？你不是在生气吗？”他赶紧大方地递给姐姐一个玩具，说：“我把我最喜欢的奥特曼给你玩儿，我不生气了，我们一起玩儿吧！”

与人相处，懂得分享、合作、包容与团结的孩子肯定是更讨人喜欢的，幼儿园的老师会通过各种活动与游戏去教会孩子如何做。当然，如果家长懂得积极配合老师，孩子也会更快、更容易养成这些好习惯。

4. 通过课堂练习与游戏锻炼，孩子的专注力、自控力、情商都有明显提升

我听朋友说她的孩子在幼儿园因为不敢上厕所，每天都憋着，回到家里才急匆匆地跑去上厕所。于是我问静云：“云云，如果你上课的时候要上厕所了，怎么办？”静云回答我：“每节课都不是很长，下课后我去厕所就行了呀！”“如果你上课的时候，实在忍不住了，你就举手请假去上厕所，好不好？”我好心提建议。静云回答我：“妈妈，我从来没有出现过这种情况，我不想上课时去厕所，我不想漏掉老师的讲课内容。”

不管孩子是否需要，我觉得在孩子入园初期，家长最好能够给孩子提供一些解决常见问题的技巧，以免孩了尴尬或难受。随着孩子入园时间越来越长，他们的自控力提升了，自会懂得有些事可以等到下课去做。

孩子到了中班、大班，除了自控力与专注力明显提升之外，情商更是提升不少。想起孩子读小班时动不动哭闹着想妈妈，遇到一点儿委屈就受不了，再到懂得控制自己的情绪，帮助他人，关心他人——这真的是很大的改变。

孩子在幼儿园这个小社会里摸爬滚打3年，个头长了，知识丰富了，懂得了什么是关爱与保护，什么是合作与分享，什么是尊重与谦让，由一个懵懵懂懂的小不点儿变成了听话懂事的大孩子。孩子的人生将从这里起步，迈向更高的台阶。

幼儿园 3 年，是孩子大脑发育、身体技能发展的关键期

有人说 0~3 岁是孩子大脑发育最快的时期，也有人说 3~6 岁才是孩子大脑发育的高峰期。于我的养育经验及观察情况而言，0~3 岁孩子的大脑发育快与慢不好分辨，但 3~6 岁即幼儿园 3 年，孩子有了一定的阅历、知识积累，有了幼儿园老师的专业辅助，如果家长能够再给孩子加点儿“料”，那么孩子的大脑发育水平会更高。

静云从 3 个月大开始读卡片到后来读绘本，一直到现在读小学都没有间断过。读幼儿园之前她会反复要求我读她喜欢的那些绘本，一遍又一遍，读上十几遍都不烦。当我读错字时，她能准确挑出来，告诉我：错了！而我试着让她复述故事，她却做不到。后来，我也就没有勉强她继续复述故事了。

静云在幼儿园读了几个月书，我发现每天老师在学校教的儿歌，她回到家都会背得非常熟练。我拿起她前几天读过的一册绘本，让她看一遍，再试着复述给我听。她告诉我：“妈妈，这个故事我早就可以背下来了。”说着，她背起来，我对着书翻看，她居然连日期、第一次、第二次、第三次这样的数字都记得清清楚楚，这不得不让我再次惊讶。

在陪静云读书时，她要求我重复的次数越来越少，因为很多内容她读几遍就可以完整复述出来。为了加深难度，我特意找来一本唐诗读给她听，每天晚上睡觉前给她读一首，她仅仅跟读了两三遍，第二天就能完整背下前一天学的，并且还能再学习一首新的，一个月下来，她成功背诵了 27 首，并且背得相当熟练。

后来，我多次看到育儿专家们提出的建议，随着孩子大脑的发育，如果家长可以顺应孩子扩大知识面的需求，适度给予孩子各层面的早教，孩

子将会受益无穷。那么，家长具体应当怎么做呢？

1. 多陪孩子到大自然中去探索，教孩子学会从书本中找到解决问题的思路

我经常陪静云去附近的公园、田野、江边活动，她非常喜欢观察各种花花草草及小动物们，还经常向我们发表一些自己的见解，有时候还会提出一些稀奇古怪、让我们招架不住的问题。

有一次，静云在江边野餐，恰巧看到一只水鸟从江面一跃而过，非常迅速地捉到了一条小鱼。她问我："妈妈，水鸟每天都在江面飞来飞去，吃了那么多鱼儿的同伴，鱼儿们应该知道它很危险呀，为什么它们不沉到水底，让水鸟抓不到呢？"我回答她："也许鱼儿们觉得水里太闷了，想露出水面透透气；还有可能是它们被水面好吃的浮食吸引了，这才游出水面的。"静云又问："小鱼的妈妈为什么不教教它的孩子们'不要去啊，太危险了'？"我还没来得及回答，静云又指着另一只水鸟说："妈妈，如果水鸟抓到的是一条非常大的鱼，比如说大鲨鱼，那结果会怎么样？"我问她："你说呢？"静云严肃地说："我猜水鸟要被大鲨鱼吃掉了，或者被大鲨鱼打败，掉进水里，淹死了。"在这件事后，我特意在图书馆借了一套《猜猜谁会赢》的科普书，全套13本。每一本书都是讲两种动物的生死PK，虽然没有静云想知道的大鲨鱼与水鸟的PK，但她也充满了好奇。读科普书之前，我都会让她先猜一猜谁会赢，为什么结果会是这样，她会根据自己的理解说一个结果。然后我们会从书本中了解两种动物，从体型、身体结构、速度、灵活性到捕猎技巧、生活习性与智商等方面，对比两种动物的相同点与不同点、优势与劣势，为二者之间的大战进行数据准备与分析。最后，当我们看到结果后，我还会建议静云想想另一种结果，并且说说什么情况下才有可能出现反败为胜的结局。

2. 全感官学习，刺激孩子大脑发育

当孩子观察某种事物的时候，家长可以教孩子从视觉、听觉、触觉、嗅觉、味觉等方面去观察。如果是一个能吃的野果，可以让孩子观察果子的颜色与形状，闻果子的味道，触摸果子的感觉，给孩子读一些有关野果的书籍，等等；如果是玩具，还可以让孩子拆装看看。全方位调动孩子的感官，可以加深孩子的记忆，刺激孩子大脑的发育。

3. 多陪孩子玩游戏，锻炼大脑发育，促进身体技能发展

孩子对游戏是毫无免疫力的，哪怕他们已经在老师的陪伴下玩了一整天，到了晚上，只要家长给他们机会，他们依然可以玩得不亦乐乎。

幼儿园孩子多，出于安全考虑，老师大多会让小朋友们做一些动作幅度小的游戏，只有每周为数不多的几节体能课才能好好地让孩子释放一下过盛的精力。然而，孩子随着年龄的增长，对更高难度的游戏越来越喜欢，所以家长可以在保障孩子安全的前提下，陪他玩一些提升攀、爬、抛等动作技能的游戏，还可以多做一些锻炼平衡力与自控力的游戏。在游戏的过程中，他们会觉得兴奋，大脑神经会被刺激，对孩子的观察、反应、判断能力大有帮助。

静云特别爱运动，各项身体技能都不错。这主要是因为我们经常提供锻炼的机会给她，也敢于鼓励她自己尝试。有时候其他家长会在一旁提醒自己的孩子千万不要尝试，可就在他们的提醒声中，静云已经做得越来越好了。

总之，幼儿园的 3 年，家长若能用心陪伴，就会清楚看到孩子的大脑发育与身体技能发展的速度如此之快，快到令我们震惊。在孩子年幼时多花些心力，等他们长大后就可以省下双倍的精力。奉劝各位家长，工作再忙也要抽空陪陪孩子。

幼儿园3年，是孩子语言能力、认知能力发展的关键期

刚入小班的孩子大多在3岁左右，由于年龄小，认知水平有限，孩子在语言表达上并不流畅，存在一定的语言障碍，只会用一些简单的词语与短句子来与人交流。

我女儿静云语言能力还不错，入园时，已经懂得使用简单的句子与人交流并表达自己的想法了，而我侄儿尚尚语言能力发育比较慢，3岁的他，已经是幼儿园小班的一员了，可是却连自己的名字都说不清楚。尚尚妈妈问他："你说，你叫什么名字？"他会一脸天真地说："尚哥。"这种回答惹得家人一阵大笑，他也跟着笑。他并不懂得要像别人介绍自己那样，说自己叫"刘尚知"。尚尚妈妈还曾问我："你说这孩子没什么问题吧？其实他虽然比不上云云，可是他们班真的好多不太会表达的小朋友。"我安慰她："有了幼儿园这个大环境，说话交流的机会很多，练习得多了，自然就会说了。"

尚尚进入幼儿园之后，变化确实特别大，一周工夫，他就能够向别人流畅地介绍自己："你好，我叫刘尚知，我很棒！"他一边说，还一边在我们面前竖起两个大拇指。我们依旧是笑，鼓励他加油好好学习。这时候，他已经可以用关键词来表达自己的意思了，例如"吃东西""上厕所""生气了"等等，只是还不太懂得说句子。

一年后，尚尚已经可以流利地说很多句子了，虽然有些字词用得不太准确，发音也有偏差，可是我们已经可以根据他说的内容理解他想要表达的意思了。尚尚妈妈感慨地说："还是送幼儿园好！"而尚尚邻居家的孩子，由于家人认为孩子语言能力不行，去了幼儿园也是浪费时间，所以一直留在家里没有上学，由爷爷、奶奶带着。结果一年后，这个孩子还是不能与人正常交流，需要父母帮忙。

第二年，尚尚已经可以背诵儿歌、绕口令和诗词了，更重要的是，通过幼儿园的老师教育以及与小朋友的会话交流，他可以流利地说一口标准的普通话了，见人也非常有礼貌。以前遇到别人开玩笑拍他的屁股，他会追着人家吐口水、说脏话，现在他会很严肃地对拍他屁股的人说："你这是不礼貌的！"

第 3 年，尚尚已经可以很好地融入集体，并且自由与人交流，语言表达完全无障碍了。而尚尚邻居家的孩子因为错过了前两年的培养关键期，直接插班到尚尚班上，完全跟不上节奏，人也变得特别内向、自闭，还总是动手打人。经过一年的学习后，家长决定让他再读一年大班，因为他还没有准备好入小学。

在有些家长看来，幼儿园就是一个看孩子的地方，父母要上班，没时间管孩子，所以只能送幼儿园混时间。有些由老人带孩子的家庭会错误地认为迟一年两年读幼儿园没关系。其实家长的这种想法是不正确的。幼儿园 3 年恰恰是孩子语言能力发展的关键时期，如果不能让孩子进入集体，多多与小朋友交流，孩子就会停留在动作多过语言的层面，不懂得与人交往，日后学习与生活中难免要吃大亏。

除了孩子的语言能力外，幼儿园 3 年还是孩子认知能力发展的关键时期。孩子将会认识许多种颜色，懂得分辨物体的不同形状；慢慢明白了数字的意义，懂得数数；有了时间与先后的概念；能够分辨自己与他人都是不一样的、独立的个体；喜欢辨识物品，学会了简单分类；懂得了一些物体存在的位置，如马桶在洗手间，碗筷在厨房；意识到家庭每个成员所扮演的角色不同，行为也会有差异；随着认知发展，孩子开始不断尝试、挑战新的、更高难度的动作；孩子的记忆力也会越来越好，能够记住的东西越来越多，越来越复杂；喜欢想象一些虚幻的故事；开始崭露艺术才能或兴趣特长；开始发展相对的概念，体验因果的关系，喜欢问"为什么"，孩子已经知道每种现象背后可能都会有缘由；等等。

其实孩子的语言能力与认识能力是相辅相成的，幼儿所学知识还很贫乏，需要通过多看、多听、多接触具体事物来增长知识，扩大眼界。在这个认知的过程中，语言的支撑是十分重要的。孩子在认识这样或那样东西的时候，需要用语言来描述它的名称、形状和特征等。幼儿认识具体事物以后，还要借助语言来把最初的印象巩固下来。另外，在日常生活中，他们思考问题、提出问题，也都要借助语言。他们经常用语言来追问“这是什么”“那是什么”“为什么是这样的”“为什么是那样的”等等。通常来说，语言能力发展比较好的孩子，往往求知欲旺盛，知识面也广，认知能力也发展得比较好。

小班是启航期：引导孩子尽快适应集体生活

对于小班孩子来说，最大的挑战就是离开了温馨的小家，来到了幼儿园这个大集体中。在家的时候，爸爸妈妈、爷爷奶奶、外公外婆都会迁就自己，而在幼儿园里，孩子面临的是与自己同龄但性格各异的小朋友，要如何与他们和谐相处呢？很多孩子都会表现得胆怯，不懂得与人交往，更别谈融洽地进行集体生活了。对于小班孩子的家长来说，最大的任务就是引导孩子尽快接受与适应集体生活。那么，具体应该怎么做呢？

1. 家长要教孩子学会分享、学会等待

大多幼儿园人际关系不太好的孩子主要是由于不懂得换位思考，不顾及其他小朋友的感受，不懂得分享，不想等待，等等。在幼儿园，有那么多同学，大家都会共用玩具、共用活动设施，如果某个小朋友每次都抓着

自己喜欢的玩具不放，别的小朋友会怎么想？如果大家都在排队轮流玩滑梯或荡秋千，而你家孩子却直接插队玩起来，别的小朋友怎么看他？

所以，家长要告诉孩子，资源有限，如果他懂得与别人分享，那么别人也乐意与他分享，大家轮流玩，会更开心。

2. 家长要让孩子学会宽容，这样他才能赢得更多的好朋友

对于小班的孩子来说，老师会经常安排大家一起玩游戏。排队时，后面的孩子会抓着前面孩子的书包或衣服，有时候没走好，孩子会出现不小心踩到脚或相撞的情况。家长要教孩子在遇到这种小意外的时候，只要对方不是故意的，就要宽容一些，原谅对方。

我们要想让孩子学会宽容，首先要以身示范，尽量设身处地地理解孩子。对于孩子由于能力不足而犯下的错误，或者因为不小心犯下的错误，家长不要过分追究，而应该先理解孩子的感受，再帮助孩子一起好好处理，避免他以后犯类似错误。

懂得体谅同学、宽容同学、关心同学的孩子，一定会受同学们欢迎的。当然，由于孩子年龄太小，家长要慢慢训练，最终孩子会越来越好的。

3. 家长要鼓励孩子善于发现他人优点，懂得向他人学习

懂得虚心向他人学习的孩子往往拥有不错的人缘。

静云时常会在我面前夸奖班上表现好的同学，例如，她告诉我某位同学上课非常认真，积极回答问题，并且每次都能答对，真是太厉害了；她告诉我某位同学很喜欢画画，在学校报了兴趣班，还在艺术学校报了兴趣班，她画画非常好看，跟书上的图画一样漂亮；她告诉我有个同学能认识课本上所有的字，没有什么字能难住她，简直是个小天才……后来，她还告诉我，这些同学都成了她的好朋友。

当孩子毫不吝啬对同学的赞美之词，懂得欣赏同学的优点时，别人也会喜欢与他交往，乐意成为他的朋友。并且，孩子周围有一群优秀的朋友，他也会慢慢变得越来越优秀。

4. 家长要鼓励孩子多参加集体活动，在活动中培养孩子的集体意识

幼儿园的集体活动有很多，主要由老师组织孩子参加。家长要做的主要是在周末或放学时间多组织孩子参加集体活动，进而培养孩子的集体意识。

静云喜欢吃草莓，我们在幼儿园附近发现了一家草莓园，于是我在家长群里发消息："今天晚上放学后，我会带静云在学校附近的草莓园摘草莓，有兴趣的家长可以带孩子一起哦！"结果很多同学的家长都响应要去摘草莓。我们领着孩子们分小组进行采摘，大家一边聊一边摘，有的小朋友还互相帮忙指出哪里有更红的草莓。摘完草莓后，我们就在草莓园一起享用这些草莓。小朋友们还互相比较，看谁摘得多，谁摘的草莓更大更漂亮，不同的草莓品种，味道有什么区别，等等。经过这一次活动之后，这几个孩子的关系也走得更近一些了。

后来，我们经常组织类似这样的活动。例如，去岳麓山捡野生酸枣，然后回家做酱；去小区附近的池塘捞小鱼小虾；去百果园摘橘子；等等。孩子们在一起玩的次数多了，了解的多了，也就成了好朋友。到了幼儿园，朋友又会将自己的朋友介绍给对方，很快，大家都聊到一起，玩到一起了。

5. 家长要鼓励孩子拥有一些特长，在集体生活中要有上进心与表现欲

静云喜欢画画，我鼓励她去学习，她很快就有了一群兴趣相投的朋友。当静云的作品被老师看中，贴到学校展览板上供家长与全校同学欣赏的时候，同学们对她好感倍增。所以说，有一些特长，可以令孩子有表现自己的机会，更易让孩子获得他人的欣赏，孩子也能获得不少朋友。

另外，为什么在集体生活中要有上进心与表现欲呢？一个集体，会有积极、上进、成绩好的孩子，也会有学习差、上课不守纪律的孩子。我们应当鼓励孩子向好的方向靠拢，努力上进，好好表现自己，这样孩子会获得更多自信，更易得到同伴的欣赏，除了自身会变得越来越好外，也更容易被集体接纳与喜欢。

中班是教养关键期：帮孩子养成好习惯

好习惯需要从小培养。著名教育家叶圣陶先生曾说：“什么是教育？简单地说就是养成习惯。”哲学家培根说：“习惯真是一种顽强而巨大的力量，它可以主宰人生。”孩子读幼儿园中班时期的主要目标就是养成良好的习惯。罗马不是一天建成的，习惯也并非一天养成的，家长需要积极配合老师，从生活的细节入手，帮助孩子养成良好习惯。

1. 家长要让孩子认识到好习惯的好处，激发孩子的兴趣

我经常给静云读一些人物故事书，书中的人物有很多是因为自己具有良好习惯而成功的，这类故事读得多了，静云潜意识里就会知道这些良好的习惯是可以帮助人的，是正确的。然后，我再配合读一些简单的、操作性强的有关好习惯的故事绘本，内容大致是某个小动物起初因为有某个坏习惯，而导致碰壁、受到惩罚等等，后来，经过自我反省或者朋友、家长的帮助，这个小动物彻底改掉了坏习惯，这时，它的一切都好起来了。这些小动物进步的过程激励着静云往好的方向发展，并且她从心底里认可这样做是对的。

除了读书之外，家长还可以举一些身边优秀的例子给孩子听。总之，最好的教育是得到孩子的认可，让孩子自发这么做，而不是像有的家长每天逼迫孩子这样做、那样做，家长不在，孩子又现回原形，这只能是一场拉锯战，很难帮孩子养成良好习惯。

2. 明确行为规范，让孩子清楚好习惯的具体标准

有一次，我去幼儿园接静云放学，班上有一位男同学与一位女同学因为一点小事起了争执，最后男同学用铅笔扎破了女同学的手掌。

男同学与女同学的家长被单独留在教室门口了解这件事情的经过。

原本这两个孩子是好朋友，上课经常私下里讲话，老师特意把他们分隔开来。可是这位女同学上课的时候居然离开座位，三番五次地拉扯男同学的衣服，男同学急了，才拿出了铅笔戳伤了她。

老师先批评了女同学，她对女同学说："上课时，你应该坐在座位上好好听讲，不能随便走动，更不能打扰其他同学，听明白了吗？"这位女同学不好意思地点了点头。老师摸摸她的头说："知错就改，你仍然是个好学生。"

老师又对男同学说："铅笔不是玩具，更不是伤害同学的武器，以后不能拿着铅笔戳同学，知道吗？"男同学点点头，老师又指着女同学对他说："你伤害了她，是不是应该向她道歉？"男同学赶紧说："对不起！"

老师又对家长说："孩子活跃挺好的，但家长要给他多讲一些安全知识，经常拿着铅笔、玩具到处跑，容易出问题。"家长满口答应一定好好教育孩子。

我觉得老师的做法很值得家长借鉴，不偏不倚——先了解事情的经过，然后规范处理，一切就像有章可循，这样孩子也容易把握接下来的步骤，只要家长稍微配合就能帮助孩子及时改掉不良习惯。

3. 坚持训练，让孩子由被动到主动，最终养成良好习惯

孩子的习惯非好即坏。改掉孩子的一个坏习惯就相当于拥有了一个好习惯。如果一开始没注意，孩子的坏习惯露出了苗头，就应当将其扼杀在萌芽之中。只要坚持正确的训练方法，就能让孩子慢慢养成好习惯。

静云非常喜欢户外活动，但是每次回到家里总忘记先洗手再吃东西。

为了帮她改掉这个坏习惯，我跟在她身后提醒："手！"她一听，马上知道要洗手，便跑去洗手，再继续吃。提醒的次数多了，她可以自觉地去洗手了。有一次，她吃了几口东西后才想起来要洗手，就赶紧跑去卫生间洗了手再回来吃，我鼓励她说："不错嘛，以后要记住哦，不然你又要把病菌吃到肚子里了。"她笑笑说："知道了，妈妈。"后来，她自己养成了吃东西前洗手的习惯，还会在每次吃饭前盯着全家人，如果谁没有洗手，她就会跳出来说："饭前要洗手，养成好习惯！"

4. 家园合教，让孩子养成良好习惯

我们说孩子的习惯 80% 是在家里养成的，庆幸的是现在我们有了幼儿园老师这个得力的助手，事情就变得容易多了。老师一般都受过专业的教育，知道应该怎样培养孩子良好的生活习惯、学习习惯。当然，家长也要及时了解孩子的情况，积极配合老师。举个例子，老师教孩子上完课后，一定要把笔、橡皮收进文具盒，再与书本一起收进书包，有些老师还会规定书本摆放的先后顺序，让孩子更整洁，更有秩序感，这是一个非常好的习惯。在学校有老师要求，孩子可以做得很好，回到家里，家长也要配合老师，让孩子读完书、做完作业后，按老师讲的要求自己整理好摆放进书包。家园统一行动，孩子就能更快速、更容易地养成好习惯。

大班是最后一年：提升孩子自主解决问题的能力

大班的孩子已经有 5 岁多了，很多事情都可以自己做了，同时也具备了一定解决问题的能力，如果家长能够提供机会让孩子多思考、多锻炼，你会发现，他们通过努力也能解决不少问题呢！那么，当孩子面临问题时，家长如何正确引导呢？

1. 家长在自己解决问题时，应大声把过程说出来

我在洗碗时，一不留神，手一滑，一只碗掉到地板上摔碎了。静云闻声跑过来。我见状一边处理，一边大声说：“云云，这碗的碎片很锋利的，一不小心就会划到手。我得戴着手套，把大块的先捡起来放垃圾桶，然后再用扫把仔细地把周围的小碎片都清扫出来，最后再用拖把拖一遍地。好啦，希望我已经将所有碎片都处理干净了。”经过这一番讲解，静云也明白了再遇到类似问题时该如何处理。

有一天，静云吃蜂蜜的时候瓶子没放好，掉到了地板上，摔得粉碎。我本想替她收拾，没想到她努力制止我说：“妈妈，我自己犯的错，自己解决，我知道怎么做。”于是，她跑到厨房找来手套戴上，再把大块碎片捡进垃圾桶，然后找来扫把扫起来，最后还用拖把拖了地。虽然地上还有零星碎片，清理得并不干净，可是我觉得很欣慰，毕竟她懂得如何处理问题了。我相信以后随着操作的次数增多，她会处理得更好。

当家长不确定孩子是否具备动手解决问题的能力时，可以把自己的思路、解决问题的步骤大声说出来给孩子听。孩子观看的次数多了，再遇到类似问题时，就知道如何解决了。

2. 鼓励孩子说出问题，并且设想解决问题的办法

教师节要到了，我们在超市碰到静云的同学在妈妈的陪同下给老师选购小礼物，有的送花，有的送茶杯，有的准备自己做手工……静云看在眼里却没有出声，只是一个劲儿催促我赶紧回家。我知道她想给老师准备小礼物，于是问她：“云云，你想赶紧回家做什么呢？”她有些不耐烦地说：“妈妈，你没见好多同学都已经准备好给老师的礼物了吗？可是，我还没想到送什么，我要回家找找看。”我又问：“那你想过送什么给老师吗？”她想了想，然后说："妈妈，我也不确定行不行，我可以画一幅画送给老师，不对，我应该画两幅画，因为我有两个老师。"我引导她："那你还有别的计划吗？"静云又想了想说："有啊，我还可以捏橡皮泥，就是不知道捏什么好，也不知道老师是不是喜欢。"我用手机搜索了一些橡皮泥画的图案给静云看，然后说："你觉得这些怎么样？这里面有橡皮泥，有自己画的画，是不是挺有创意的？"静云大喜，当即决定做两幅橡皮泥画送给老师。

当孩子遇到问题时，家长不必着急，我们可以先引导孩子将问题描述出来，然后再鼓励孩子假想一下如何解决这些问题，如果孩子提出的想法还不错，家长可以鼓励他按自己的想法尝试。如果家长觉得孩子想法欠妥当，也可以在孩子的想法上延伸出一个解决办法，并且告诉孩子正是因为有他的帮助，你才能想到这个办法，这样孩子就有动力在下次遇到问题的时候积极地去处理。

3. 适当放手，在可控范围内让孩子自己解决问题

在幼儿园的活动中，静云接触到了雪花泥，她觉得这比自己家的橡皮泥漂亮太多了，也想买一些。可是，在超市里逛了一大圈却没有找到。怎么办呢？她沮丧地对我说："妈妈，难道这么大的超市也没有雪花泥吗？"我告诉她："这个问题，妈妈也不能回答，但有人可以回答，你觉得谁最了解超市到底有没有雪花泥呢？""哈哈，我知道啦，是售货员！"静云高兴地叫道，然后摇了摇我的手说："妈妈，请你帮我问问售货员，到底超市有没有雪花泥？"我摇摇头说："不行，我还要挑选水果，你自己可以去问啊。"她顿了顿，然后四处找售货员，最后就近找到一位询问，售货员告诉她要去文具区域找。静云没有同我打招呼就去了文具区域，在另一位售货员的指引下找到了雪花泥。我选好水果，回头发现她不见了，四处找起来。我好不容易在买牛奶的地方看到了静云，她正站在一位带孩子的女顾客面前，而那位女顾客正在打电话，不一会儿，我的手机响起来了。我顿时明白了，赶紧走过去，抱住静云，向那位女顾客道谢。那位女顾客笑了笑说："不客气，你女儿真聪明，找不着妈妈了，知道让我帮忙打电话，还能清楚地记住妈妈的电话号码。"

我讲这件事并不是鼓励家长放手让孩子在超市里走丢，而是想告诉家长在熟悉的环境里，可以适当放手，让孩子锻炼一下自主解决问题的能力。

4. 总结与反省，让孩子下一次可以做得更好

静云在家里养了八只鹦鹉，她非常喜欢这八只鹦鹉，每天从幼儿园回来就要给鹦鹉喂青菜或水果。鹦鹉也同静云特别亲热，每次见到她靠近就会欢快地叫个不停，还会跳到离静云最近的地方玩。小孩子都贪玩，静云总是控制不住好奇心，悄悄打开笼门，把手伸进去逗鹦鹉，看着小鹦鹉们争先恐后地跳到她的手心，她乐得呵呵直笑。可是，偏偏就有一只调皮的小鹦鹉从静云的手臂下钻出了笼子。静云大惊失色，扯着嗓门儿喊："妈妈快来，快来啊，鹦鹉跑出来啦！"我赶紧跑到阳台，关了窗户，再叫上老公一起围堵在大厅飞来飞去的鹦鹉，好不容易才把小家伙抓进笼子里。

事后，我对静云说："鹦鹉要是跑掉了，自己不会觅食，就会饿死。你知道吗？"静云小声说："下次要是鹦鹉跑出来了，我也会学妈妈的，先关了窗户，这样，它就飞不走了。"我见她还算机灵，又补充一句："鹦鹉在家里飞来撞去的，也有可能会受伤哦，你会不会心疼？"静云望着笼子里的鹦鹉，想了好一会儿说："妈妈，以后我不会打开笼子了，我就在笼子外面喂它们，我想让它们好好地活着，不要受伤。"

通过这样的方式引导和启发孩子，相信她以后遇到问题一定会解决得越来越好。

Kindergarten

第二章

父母的改变
决定孩子的未来

为了我们的孩子健康快乐成长，为了他们一生的幸福，作为父母，我们应该多学习、多反思：对孩子不同成长阶段的心理、行为是否有基本的了解？有没有真正给予孩子亲切、慈爱、陪伴？对孩子的教育是否科学、合理？在孩子的成长过程中有没有起到模范作用？这一切都需要我们为人父母者认真思考。

孩子的成长需要爱，更需要规矩

邻居王奶奶有一个孙子、一个孙女，两个孩子都是由王奶奶抚养的，性格与习惯却截然不同。据王奶奶的儿媳妇说，她们夫妻二人在外面上班挣钱，王奶奶是抚养两个孩子的主力。王奶奶重男轻女思想非常严重，好吃的、好玩的全给孙子玩，孙女只要吃饱就行了。

有人劝说王奶奶，不能太宠孙子了，不然孩子走上社会也会吃亏的。王奶奶却说："谁走上社会不吃点儿亏呢？为什么现在就要让孩子受委屈呢！"大家见劝说没什么用，便不再说了。

后来怎么样了呢？王奶奶的孙子成了幼儿园的小霸王，想怎么样就怎么样，天天上学迟到，想回家就回家，在学校里甚至还拿别人的东西，也不懂得与别人分享。老师说他几句，他还顶嘴，甚至有一次不知道什么原因，他与另一位小朋友发生纠纷，老师走过去将他拉开，他打不到小朋友，居然在老师手臂上咬了一口。学校没办法，只能让王奶奶领回孙子，让她另找其他幼儿园上学。王奶奶找了一所收费很高的学校，刚开始孩子还算规矩，可是好景不长，孩子开始将其他同学的铅笔、小玩具据为己有，同学发现后，想找他要回去，他死活不给，还满口谎言。再后来，孩子经常在家里悄悄拿钱买自己喜欢的东西，怎么说都不管用。王奶奶这时候才知道自己错了，后悔没有早一点儿给孩子立规矩。

全天下的父母，全天下的爷爷奶奶、外公外婆们，都是爱孩子们的，我们都希望给孩子尽可能多的关爱与自由。可是，如果我们一味纵容，觉得“只要他喜欢就好”“孩子高兴才是最重要的”“这些规矩孩子长大了自然就会懂”……以这样的思想教育出来的孩子，是很难融入集体，健康成长的。孩子的成长需要家长的关爱，可为了孩子更好地成长，一定要给他立规矩。良好的规矩就是塑造孩子良好性格与道德品质的最佳工具之一。

那么，我们应该给3~6岁的孩子立什么规矩呢？给孩子立下规矩后，又应该如何实施呢？我们一起来看看：

1. 自己的事情自己做，要对自己的行为负责

我给静云强调最多的应该就是这条规矩了，同时，我也发自内心地认为这条规矩对孩子帮助很大，并且非常重要。亲戚朋友来我们家，看到5岁的静云早上自己穿戴整齐，洗漱完毕，吃过早餐后，背上书包随奶奶一起去上学；晚上回到家，自己写作业，洗头、洗澡后还会拿起吹风机自己吹干头发，这让他们十分吃惊。静云姑妈说：“天哪，我们家那两个娃10岁了还不会自己洗头，还需要我们帮忙的呀！”

晚上，我们一起出门散步，姑妈一定要给静云买冰淇淋吃。静云想了一会儿说：“姑妈，还是不要买了，吃多了冰淇淋对身体不好。”路过某炸鸡快餐店的时候，姑妈又说要请静云去吃，静云笑了笑说：“姑妈，其实我真的好想吃，可是这是垃圾食品，我以前吃过了，这次就不吃了吧，等下次很想吃的时候，我再吃。”姑妈悄悄问静云是不是我们不准她吃，静云告诉姑妈这是她自己的决定。静云姑妈告诉我们的时候，我们一点儿也不惊讶，因为静云懂得自己要对自己的行为负责，吃多了冷饮与垃圾食品，就有可能生病。其实，在这方面，她的自控力在我们家是最好的，她也因此感到非常自豪。

2. 做完作业再玩耍

幼儿园阶段，老师可能会给孩子留下一些特别简单的作业，如练习某首儿歌、画一幅主题画、做亲子手工，等等。孩子是学生，家长就要让孩子知道，完成老师布置的作业是他的任务，一定要做完这些事情才可以玩耍。

静云从第一天上幼儿园就懂得，爸爸妈妈的工作是上班，她的工作是上学，而且静云做得非常好。老师布置的任务，静云能独立完成的从来不找我们；她不能完成的，会提前对我们说，让我们留出时间来陪她完成。我们一直坚持这么要求，她的学习从未让我们操过心，现在她读小学了，这个良好的习惯也保持了下来，让我们省心不少。

3. 与人相处，要懂得换位思考

我们一直把静云当成年人一样平等对待，有什么事情也尊重她，与她商量。孩子毕竟是孩子，有时候静云会玩得忘乎所以，明明看到我在读书，还非要我去看看她摆的积木。我会对她说："云云，你在认真做一件事的时候，别人打扰你，你会有什么感觉？"她耸耸肩膀说："妈妈，对不起，我先拍个照，等你看完书，我再给你看我堆的积木。"说完，飞快地跑出去，轻轻替我关上房门。

在家里，静云可以做到设身处地地为我们着想；在学校，她对小朋友也是非常体谅。有时候，其他小朋友让她难堪、不舒服了，她还会建议别人换位思考，大声说："如果我这样对你，你会开心吗？"

4. 别人的东西，要经别人允许才可以拿；自己的东西，自己有权利支配

孩子入园后，与他相处的也是一群正在慢慢建立物权概念的小伙伴。很可能他们会分不清哪些东西是自己的，哪些东西是别人的。家长可以在家里多陪孩子练习一下。

我们经常会拿静云的玩具问："云云，你看这是谁的巴克球呀？"她会乐呵呵回答："我的。"我又拿起一个小发夹问："云云，你看这是谁的发夹呀？"她会大方地说："这是云云的，妈妈喜欢的话，可以送给你。"有一次，老公在儿童房里搬弄花草，吃饭时间到了，我对静云说："云云，你去叫爸爸吃饭。”静云反问：“爸爸在哪儿？”我想也没想便回答：“在我们房间吧！”静云找了一圈，回来报告说：“妈妈，你说错了，爸爸不在你们房间，他在我的房间。”

分清物权后，对于孩子自己的东西，我们也很尊重。我的橡皮筋坏了，想临时拿一根静云的小橡皮筋使用，我也会征求她的意见：“云云，你可以送一根橡皮筋给妈妈吗？”她会高兴地答应，还会提醒我说：“妈妈，你一定要及时买橡皮筋哦，不能老用我的，这样我的橡皮筋就会被你用光了。”如果遇到静云不愿意分享的物品，除非特殊情况，我们都会尊重她，不强制她分享。

5. 学会将东西放回原位

我是个从小就不爱收拾的人，不管从哪里拿了东西，用完就随手一扔，下次就找不着了。这种坏习惯也影响了静云，她比我更随意，读过的绘本随手一扔，下次想读时，就要找遍各个房间。更要命的是，我每次从图书馆借回来 32 册绘本，她读完后，我想要找齐这 32 册，通常得找上两个小时，有两次因为找不齐，还书时还交了罚金。

偶尔心血来潮，我会认真收拾家里，也会教静云要懂得从哪里拿的东西放回哪里。她会不客气地回敬我一句：“妈妈，找不着的东西，大多是你自己放的。”我只好放下面子说：“好吧，妈妈这习惯不好，浪费那么多时间总在找东西，云云应该吸取教训，不要像我这样，你要记得从哪里拿来的东西要放回哪里，好不好？”她一边笑一边点头同意。

除了以上的 5 条规矩外，还有许多对孩子有利的规矩，比如：对人一定要有礼貌，不能使用粗口，不能随便打扰他人，不要打断他人讲话，做错事一定要道歉，不能说谎话，要信守承诺，等等。家长可以在不经意间示范给孩子看，或者通过游戏的方式教给孩子。

建立规则是最佳教养方式之一

随着城市化进程加快，很多家庭都搬进了由钢筋水泥筑成的高楼大厦，这种居住环境在某种程度上减少了人与人之间交流的机会，孩子们成群结队活动的机会也大大减少了。很多家长把重点放在了对孩子知识技能的培训上，从而忽视了给孩子创造体验各种规则的机会。我们经常会看到这样的现象：游戏活动中孩子不遵守规则，玩具乱丢乱放；不愿意排队等待；进餐时抛洒饭粒；攀折花木，不爱护公物；不会和人打招呼，不懂待人接物；在马路上乱跑，不遵守交通规则；在安静场所大声喧哗；等等。长此以往，这些坏习惯就会慢慢主导孩子的行为，如果家长像放羊一样养孩子，羊毫无规则乱跑，出了问题你就会手足无措。如果家长换种思维，尽早给孩子建立规则，就相当于管好了头羊，孩子后面的行为就像羊群一样，跟着头羊跑，就不会乱了，可谓一劳永逸。下面，我们就一起来看看父母应如何教孩子建立规则。

1. 家庭是孩子学习规则的主要场所

在和谐的家庭中，孩子会感到父慈子孝、兄友弟恭、夫妻恩爱，这种和睦相处的家庭氛围会慢慢影响孩子的心灵，渗透到孩子的生活当中，在这样的家庭中成长的孩子，他的内心是善良的、温暖的，他可以本能地感知到什么能做，什么不能做。

而那些在人生道路上走向歧途的孩子，大多都曾有过一个并不幸福的家庭。在不良的家庭环境中成长，孩子的心理会发生扭曲，规则也会混乱，所以才会做出许多令人意想不到的错事来。

2. 言传身教，父母先做好榜样

“说一千次不如示范一次”，这的确是真理。我女儿静云最令我不满意的事情就是不爱收拾，东西乱放，这恰恰也是我自己的坏习惯。我深知这个坏习惯给我带来的困扰，所以我会时不时地来一次大扫除，将东西摆放得整齐有序，可是过了一些日子后，却又故态复萌。所以，我总教不好静云。

很长一段时间，我逼着自己每天花十几分钟收拾房间，把衣柜的衣服整理得井井有条，将洗手间冲洗得干干净净。我发现，我再同静云说“要懂得收拾，要整洁”时，她也能把书包收拾整齐，从来不落下课本，每天都记得带文具盒去学校了。回到家里，她写完作业，还会将书桌收拾得干净整齐。

只是，静云的衣服还是会经常找不着，主要是她随处脱外套，随手一甩就不管了。有一次居然将校服甩在了公交车上，弄得我们好一顿找，最后才算找回来。这一条我反复说过几十次也不管用。后来，我发现除了我拿东西不放回原位外，静云奶奶也是如此，经常手机不见了，让我们打一下电话才能找回来；经常在衣柜里找衣服，翻来翻去，大呼“见鬼了”，可衣服就是找不着。想想看，家长都是如此，又有什么资格要求孩子做到呢？我只能说，我会先改正，同时也让静云同我一起努力，改掉坏毛病，养成爱整洁的好习惯。

3. 让孩子知道规则的重要性，让他参与制订规则

我们可以给孩子说说那些不遵守规则的人，最后都怎么样了。例如，不遵守交通规则就有可能出车祸；偷盗东西就有可能被警察叔叔抓起来；玩游戏时随意插队就有可能失去游戏的机会……让孩子知道，如果不遵守规则，就会得到相应惩罚。

制订规则时，父母可以与孩子商量，一方面孩子可以更加理解这些规则的内容。另一方面，孩子得到尊重，经过他同意的规则，实行起来他也会更愿意配合。

4. 给孩子更多自由，让他学会自律

不管家长制订什么规则，我们的目的都不是为了约束孩子，让孩子感到像坐牢一样不舒服；而是为了让孩子把这些规则内化成自己的行为，从而在对自己没有危险的范围内获得最大的自由。所以，试着放手给孩子自由吧！

例如，家长可以通过一些激励措施来锻炼孩子，孩子如果选择当天晚上吃巧克力，就只能吃两块；如果选择第二天吃，则可以获得四块。不论孩子选择当天吃还是第二天吃，家长都要满足他，同时鼓励他适当控制自己，争取更好的结果。还可以用贴纸来奖励希望孩子养成的行为，获得多少贴纸可以兑换什么奖品，贴纸越多能兑换的奖励越丰富。孩子就会通过约束自己的行为获得好处而提升自己的自控力。当家长适时放手时，孩子也能自己管好自己。

5. 执行规则要严格，不能随便妥协

规则就是规则，制定后就要严格执行，不能随便改动。如果规定孩子回家后立即写作业，孩子要求先玩一会儿积木再写，家长答应了，孩子又可能提出其他的要求来拖延。第二天又会找同样的或其他的借口来违反规则，那么这个规则就没什么意义了。所以，当执行规则时，不能随便妥协。当然，如果把握不好孩子能否适应规则，可以与孩子约定，给规则的实施一个试用期，试用期内可以商量修改规则，但一旦确定后就不能再随便改动了。

另外，由于孩子年龄小、执行力弱，所以家长制订规则时要注意灵活性。例如，起床或入睡时间可以是一个时间段，只要在这个时间段内完成都能获得贴纸奖励。之后，随着孩子执行能力提升，慢慢加大难度就可以了。

请蹲下来和孩子沟通

有一次，我与老公参加静云幼儿园的亲子活动，其中有很多是家长陪孩子军事演习的游戏。灭蚊片做的烟雾和炸弹的音效放出来，家长就要去救援我们的孩子，两个家长合作，提着一张毯子跑到孩子面前，让孩子坐在上面，抓紧绳子，然后家长以最快的速度将毯子拉离危险区域。接着又轮到第二对家长出发救援自己的孩子，以此类推，哪个小组最快完成解救孩子的任务就算胜利。为了鼓励家长全力配合，让孩子们玩得尽兴，救援活动开始之前，园长在广播里说的一句话，深深地打动了我，他说："不管你是老板还是职员，或者你是医生还是科研工作者，此时此刻，与孩子在一起，我们就要蹲下来，把自己变成一个 5~6 岁的孩子。"不知道其他家长是不是也听进去了这句话，反正游戏的时候，大家都像小朋友一样认真、投入。那次亲子活动开办得非常成功。

与孩子玩游戏，我们应当蹲下来配合，平常对孩子进行家庭教育，又有多少家长可以做到蹲下来与孩子沟通呢？

有的家长说，孩子的思维我们无法掌握，翻脸比翻书还快，一会儿一个想法，我们根本无法知道他们在想什么，沟通困难是正常的。

还有的家长说，我们永远无法把孩子当朋友，如果我们放弃自己的威严，就无法管教孩子。孩子就会像脱缰的小野马，四处乱窜、闯祸。

事实上，我认为原因是家长没有掌握好方法。当我们蹲下来，把孩子放在平等的位置上时，我们还要注意一些方法，只有态度和方法都把握好了，与孩子沟通才能达到想要的效果。

1. 蹲下来只是姿态，说话的语气与神态才是至关重要的

我是个脾气不太好的妈妈，与静云沟通的时候，我总是想平等对待她，因为我知道尊重她，让她发自内心认可我，教育的效果就会更好，可是我时不时会犯一些错误。有时候静云会嘟着嘴向爸爸告状说："爸爸，妈妈又要发脾气了。"我内心隐约有座"活火山"，随时有可能喷发，但我还是尽量耐着性子问她："我不是在好好同你说吗？怎么说我发脾气呢！"静云走过来，抱抱我说："妈妈，你对我说话的时候，声音越来越大，脸色越来越不好看了。我确定，用不了多久，你就会骂人。"每当如此，我们沟通的结果都不理想，原因很明显，我只是装作蹲下来平等对待孩子的样子，可是我心里却没有同时调整到这样的状态。

后来，我感觉到自己情绪不对劲时，不需要静云告诉我，我就会自己提出来。我会对她说："云云，妈妈今天情绪不太稳定，你去爸爸那儿吧，等我冷静了，我们再继续聊。"只要孩子不在我面前，我就能很快像旁观者一样慢慢理解她的行为，像对待好朋友一样包容她，交谈时会和颜悦色，也更容易找到利于交流的措辞，从而达到事半功倍的效果。

2. 蹲下来与孩子做朋友，适当给孩子帮助并替孩子做主

有的家长错误地认为蹲下来与孩子做朋友，就是不再管教孩了，充分尊重孩子，孩子说了算。其实，这种想法也是错误的，孩子终究是一个孩子，他的人生阅历与知识储备都不如我们，面对简单的问题，我们可以尽量让孩子做主；面对复杂的问题，家长要像大朋友一样给予建议或者替孩子做主，这才是正确的做法。

有一次，我才走开一会儿，回来看到一位老奶奶正在厉声斥责静云，她们旁边还站着一位与静云差不多大小，正在哭泣的小朋友。我感觉到可能出了什么问题，于是加快脚步走过去，蹲下来，抱了抱静云，轻声问她："云云，刚才发生了什么事？"静云看到我来了，赶紧叫："妈妈，妈妈。"那位老奶奶接话说："我孙女说刘静云打了她，把她打疼了。"我很确定静云不是一个随便动手的孩子，这中间肯定有什么误会。我冲老奶奶微笑了一下，又转过头轻声安慰静云说："云云，妈妈在这儿，你不要怕，没事的。你说说刚才发生了什么事，好吗？"那位正在哭泣的小朋友抢话说："就是她打我，以前她也打过我。"老奶奶又想说什么，我解释说："阿姨，我相信这中间肯定有误会，静云不是随便打人的孩子。"这时候，静云好像已经缓过来了情绪，她对我说："妈妈，我们在一起玩丢球游戏，球丢到她那边的时候，她没接住，砸到她鼻子了。我真的不是故意的。"这时候，旁边跑过来另一位小女孩，她说："就是啊，我们都在玩丢球游戏，球也砸到我了，我也没哭啊。你扔的球也砸到刘静云了呀，她也没哭啊！"这时候，那位奶奶不好意思起来，回头又问孙女到底是球砸到的，还是动手打的。小女孩哭泣声小了，回答说："球打到我鼻子这儿，真的好疼，我才哭的。"事情已经很清楚了，我打圆场说："云云，可能你刚好砸疼了这位小朋友。也可能她比较少玩这样的游戏，不适应。你给她说声'对不起'吧。"静云马上对小朋友说了声"对不起"，然后又同其他小朋友一起玩去了。

回到家后，静云又想起了这件事，她问我："妈妈，那个小朋友是我们班同学，我们经常一起玩的。你说，我以后还要不要同她一起玩？她也太容易哭了！"我安慰她："当然要一起玩啊，你们是好朋友嘛，这点小事不算什么。"静云像解了心结一样，高兴地点头答应。

孩子面临自己不能处理的问题时，会恐惧、难过，家长这时候最好不要以识大体、要面子为由而让孩子无条件礼让他人。或者见到所有不利证据指向孩子时，不听孩子解释就当着别人的面斥责孩子。如果你这么干了，不论是不是孩子错了，你都永远不可能成为孩子的朋友。相反，我们应该先相信自己的孩子，站在他们背后了解事情的来龙去脉，这样，孩子的心才会与你的心走到一起，如果确实是孩子的错，家长可以鼓励他道歉，做补救，孩子也能很好地认识到错误，以后不再犯。

3. 蹲下来还不够，我们要做孩子的知心朋友

我们蹲下来还不够，要成为孩子的知心朋友才是我们的终极目标。因为孩子面临隐私问题，首先要隐瞒的人就是父母，最不想说的人也是父母。只有当他们把我们当知心朋友时，才会愿意告诉我们，我们才能伸出援助之手，帮到孩子。

要成为孩子的知心朋友其实并不难，我们可以多给孩子聊一聊我们小时候的糗事，让孩子知道父母并非高高在上，也是像自己一样会犯错的人。当我们犯错的时候，能放下面子，主动认错，孩子也会受到教育。我们的示弱行为会触动孩子，从而让他对父母坦诚相待。当然，我们要记住，当孩子说出他的心事或秘密时，家长千万不能嘲笑孩子。

最后，值得一提的是，父母要有耐心，与孩子沟通时，我们除了身体要蹲下来，内心也要将孩子放在平等的位置上，我们要留足时间让孩子自悟自省，还要有心理准备，孩子一两次的尝试也许并不能明白真正的事理，他可能还会犯第三次错误。对此，千万不要指责孩子反应慢，不聪明，要知道大多数进步都是在曲折中取得的，孩子的成长亦是如此。

放手，孩子才能独立

我表姐家庭条件比较好，她有一个女儿叫贝贝，从小被宠成小公主，家里堆满了芭比与各种精致的娃娃。贝贝对人非常有礼貌，惹人喜爱。我看她对着娃娃不停说话，于是问她："贝贝，这个娃娃是你的好朋友吧？"贝贝抬头看看，点点头笑了。表姐告诉我："贝贝每天都在家里办家家，能

一个人玩很久。”我问表姐：“为什么不让贝贝与小区其他小朋友一起玩耍呢？”表姐说：“小区的小男孩太调皮了，打打闹闹的，我可不希望孩子变得那么野。”我建议说：“那贝贝可以与小女孩玩呀！”表姐一脸平静地回答：“贝贝怕弄脏她漂亮的公主裙，所以不愿意下去。”听到表姐这样说，我挺惊讶的，我想没有哪个孩子不喜欢与同龄孩子一起玩耍，而愿意天天在家里与这些没有感情的娃娃交流的。贝贝之所以会这样，主要是表姐管太多，不愿意放手导致的。可是，孩子这样成长下去，又会变成什么样子呢？真的可以成为我们理想中的模样吗？我想一定很难。

我表姐属于处处为孩子着想、约束孩子太多的类型。还有一类家长则刚好相反——他们不对孩子提任何要求，孩子想做什么就做什么，到头来家长可能会说：“我都把决定权交给孩子了，可是他一点儿也不自觉啊，每天不是看电视就是打游戏，暑假快过完了，作业还没有写。”还有的家长可能会说：“我放手了，孩子天天打游戏，我到底要不要管呢？”这种类型的家长不是“放手”，而是“放纵”。另有一些家长，时而放手，时而管束，于是他们的家庭教育变成了“放手”与“约束”的循环，结果把孩子折腾得不知所措。

那么，家长到底要如何放手呢？我们先要给孩子一些可以遵循的条条框框，让孩子有规则可循，然后鼓励孩子大胆尝试。孩子在尝试的时候，家长要适当允许孩子犯错，孩子自己会懂得调整方向再尝试，必要时，家长可以用鼓励的口吻提一点小建议，只有让孩子放手实践，才能让他学会在实践中独立。下面给大家讲个例子。

我侄儿图图（静云堂哥）是个非常聪明能干的孩子，他是幼儿园班上的“小老师”，老师在课堂上只读两遍儿歌，接下来都是由他来领着孩子们读。并且，老师陪孩子们玩游戏时只是教了一下手心算，侄儿通过反复玩这个游戏，竟很快就掌握了一位数、两位数的加减法，老师感慨：“这孩子的智商真高啊！”

在学习能力上，侄儿是完全不用我们操心的，然而生活习惯却很不理想。从小父母不在身边，都是以送礼物的方式来弥补对他的亲子感情，导致孩子眼里只有物质，每天买买买，天天吵着要去超市，恨不得把超市搬回家。

一天，我突然有了一个大胆的想法，我想放手让侄儿自己来管钱，自己来购物。我们先在家里找了一张白纸，把家里要买的生活用品、要采购的蔬菜与水果、要购买的文具与本子都一一列出来，参考价格也一并写上了。到了超市，由侄儿负责采购，我给他推购物车，我们按清单选购得非常顺利。不知不觉，我们来到了儿童玩具区域，侄儿拿起一辆玩具起重机，摸了摸，又看了看后面的价格，然后放下了。接着又拿起了一架动画片《超级飞侠》里的飞机模型，看了一分多钟，我一直不吭声。他回头对我说：“伯母，我觉得这玩具太贵了，还是不要了吧！”

逛了一路，我们都是按清单购买的，我对侄儿说：“咱们还有一点儿零花钱，你要不要买点什么？”他摇摇头说：“不用了，你去买单吧。”我把钱包递给侄儿，微笑着鼓励他：“你数学好，你去买单，伯母相信你能算对的。”他由不敢相信到非常自信地接受了任务，把采购的商品一件一件摆上售货员的扫码柜台，每放一件，他都会算一下数。最后他对售货员说：“72元。”售货员看一眼电脑里总金额72元，由惊讶到赞叹，图图不好意思地笑了。

从那以后，我经常让图图采购与买单，偶尔他也会买自己喜欢的玩具，但是极少会超出我们的预算。我发现，把方法教给孩子，放手让孩子去做，他们真的可以做得很好。

这只是一件很小的事情，但家长朋友们可以触类旁通，以类似的方式去引导孩子自己来，自己尝试。家长要怀着接纳与欣赏的态度去鼓励孩子，给孩子时间，你就会发现孩子今天要比昨天好，一天一天在进步，这也是为人父母最大的成功。

允许孩子犯错，给孩子自我成长的机会

见过静云的亲戚朋友都感叹她的动手能力太强了，这么小自理能力就这么强。然后再惋惜自己家的孩子这不会，那不会。其实我觉得这并不是孩子的错，而是家长的问题。家长总是以孩子还小，孩子做不好为由，没有给孩子自己动手的机会，妨碍了孩子的成长。

在我们家，只要静云想要动手，我都尽量由着她。奶奶把汤锅放在桌子上，回头去拿汤勺，静云自告奋勇接过奶奶手里的汤勺给大家盛汤。刚盛第一碗汤就因为动作幅度太大，汤水溅得桌上到处都是。静云看了一会儿，把汤勺放下，赶紧跑去厨房拿了抹布擦起来。奶奶刚说："这孩子……"我就接过话茬儿说："这孩子懂得为大家服务了，马上就要学会盛汤了。"静云犹豫了片刻，擦干净桌上洒出来的汤水后，又拿起了汤勺。我轻轻把碗移到汤锅边，告诉静云："这样，也许你的汤就不会洒出来了。"静云点点头，小心翼翼地一碗一碗盛起来。后来，她还替我们夹过菜、盛过饭、洗过碗筷，只要她愿意尝试，我都会尽量给机会让她做。

还记得小时候，我想为家人分担家务，爸妈出门干活了，我把米洗干净后放入高压锅里煮起来。等爸妈回到家时，看到一锅糊糊的爆米花，还有快烧毁的黑锅底——我人都快吓傻了，内心愧疚不已，爸爸对我一顿暴打，还有无数句臭骂，事后还时不时提起这事，警告我迟早有一天高压锅

会被我烧到爆炸。我再也不敢尝试了，成年后都不太敢开煤气灶，害怕爆炸。

我深深懂得孩子犯错后，已经为发生的后果感到自责、懊恼、后悔，如果父母这时候再去斥责或批评孩子，就容易对孩子造成二次伤害，还可能给孩子留下很深的心理阴影，从而害怕再尝试。就像我对做饭一直没好感一样，估计就是因为爸爸当年的打击。

在这里，我想对每一位家长说，不要害怕孩子犯错，孩子每一次犯错都是一次成长的机会。我们可以让孩子在错误中学习，得到更深刻的经验教训。就拿我那次煮饭没有放水的错误来说吧，父母怎样处理会有更好的结果呢？

首先，爸爸可以对我的行为表示理解。爸爸可以对我说："你煮饭不放水是不知道要放水吧？"或者说："爸爸知道你现在肯定难过极了，你第一次煮饭，不知道要放水是正常的，爸爸不生气。"试想一下，如果爸爸如此说，那我肯定会有动力再学习做饭的，可惜他没有。所以，现在面对静云犯错，我总是会站在她的角度考虑为什么她会犯这样的错，并且告诉她，我小时候也犯过类似的错误，通过这样的方式表达对孩子的理解与同情。

其次，既然错误已经铸成，爸爸可以教我对自己的行为负责，把清洗高压锅的任务交给我。当静云犯错时，我会尽可能让她自己处理后果。例如，汤洒出来了，她自己擦干净；地板弄脏了，她自己拖；打翻东西了，她自己扫，等等。

最后，正确示范给孩子看。如果爸爸能够再教我正确煮一次饭，我相信我肯定可以一次就能学会的。可惜，他没有给我这个成长的机会，而是命令我再也不要碰那个高压锅。所以，我从来不会如此对静云说话，而是说："如果你愿意的话，可以跟着妈妈一起再做一次。"或者"妈妈给你示范一下，你认真看好步骤，然后你再试试看，如果没做好也不要紧，妈妈也是做了很多次才成功的，你要试吗？”大多数时候我都会得到静云肯定的回复，并且通过练习大大提升了她的动手能力，也有的时候她可能还没有缓解自己失误带来的低落情绪，表示不想再试了。我也会尊重她的想法，让她想尝试的时候再学习怎么做。

除了一些危及人身安全的事情，触犯道德的事情或者伤害他人的事情，家长要及时地阻止孩子之外，孩子的其他错误，家长都可以冷静想想，能不能将暴跳如雷的批评指责转换成孩子学习、成长的机会，引导孩子从错误中学习正确做事的方法，提高孩子处理问题的能力呢？毕竟这是孩子自我成长的大好机会。

不焦虑的父母才能养出快乐的孩子

下雨天，我去幼儿园接静云放学，碰到她同班同学的家长也在外面等。我们闲聊起来，有位家长说：“我们家的孩子学习能力还是很强的，就是特别好动，让他好好坐一会儿根本不可能，怎么别人家的孩子就可以文文静静地坐着呢！”另一位家长说：“我们家的孩子，读画画班没兴趣，上主持班也说没劲，你看看别人家的孩子，学什么都能学得好好的，真是让人着急。”家长在比较中，焦虑感一重胜过一重。

作为父母，为什么我们如此焦虑呢？

1. 总拿别人家的孩子做比较

在《中国青年报》做出的一份关于父母焦虑的原因调查问卷中，67%的受访者归因于攀比心理重。

你家孩子在哪里学舞蹈，他家孩子在哪里学画画，我家孩子也要学……朋友家孩子5岁已经认识1000个字了，我们家孩子也必须迎头赶上；同学家孩子5岁不到，已经可以做两位数加减法了，我们家的孩子也要马上学起来……家长的心思大概是这样的：你家孩子学了，我家孩子也要学；别人家的孩子学得好，我家孩子也不会差；我家孩子学得比别人家孩子更好，以后才会更有本事，更容易成功。

家长一方面明明知道每个孩子都有自己的成长规律，有不同的兴趣爱好，另一方面却因为害怕孩子落后于别人家的孩子，强行拖着孩子跟在别人后面跑，把其他孩子的教育方式强行套在自家孩子身上。结果又会怎么样呢？孩子会变得叛逆、厌学，甚至认为自己永远赶不上别人而自暴自弃，又或者害怕别人超过自己而被父母责罚。

理智的家长应该尊重孩子的兴趣，在这方面，我自认为是做得比较好的，静云听老师说女孩子学舞蹈，将来体型优美，她要求我给她报兴趣班。我看她一点儿都没兴趣，回到家里，老师让练习舞蹈动作，她也只是草草了事，即使进步了也没有一点儿兴奋的感觉。学了半年的舞蹈，她对我说不想学了，我尊重她的决定，不让她学了。后来，静云居然对画画特别有兴趣，4岁开始在幼儿园画，回家画，还让我给她报了画画兴趣班，每一次拿画作回来，她都会得意地对我们讲解这儿是什么，那儿是什么，刚开始画得没有人能认出是什么，后来慢慢地有了起色。老公感慨说："这孩子，好像画画没什么天赋啊！"我仍旧笑笑说："以后又不一定要做大画家，有兴趣就让她画吧！"结果，她在幼儿园坚持画了两年，并且读了两年兴趣班，现在画出的作品已经有模有样，让我们刮目相看了。

2. 父母把远虑化作了近忧

不少父母通过自己的努力，获得了足够的知识与满意的收入，他们拥有"教育曾经改变了自己"这个经验，面临孩子的教育问题，他们更相信

“摸得着、看得见、花了钱、费了事”的教育方式。他们的教育目的无非是有一天孩子离开自己，仍然能够活得很好。为了达到这个目标，家长从孩子出生开始便未雨绸缪，一刻也不敢松懈，如此巨大的压力导致家长与孩子都喘不过气来。

我们经常会听到这类型的父母指着孩子说：“现在你还是这样得过且过的样子，以后怎么办呀？”或者“我这都是为你的将来考虑啊，现在吃点儿苦又算得了什么呢！”当家长看到育儿公众号、育儿论坛上铺天盖地的育儿文章与建议时，就会拿孩子做对比，看看哪条没做到，赶紧补上，唯恐自己漏掉了什么，误了孩子将来。

3. 对孩子过于追求完美

我们都知道人无完人，可是在对待孩子时却常常忘记了这条，家长总把目光放在孩子的缺点上，总希望孩子是全能的、完美的。侄儿读幼儿园时，班上有个孩子报了五个兴趣班，每天放学都像打仗一样。孩子其他兴趣班还能勉强去学习，对于钢琴班却非常抗拒。家长为此在培训学校责骂孩子，骂孩子不争气，那么贵的一对一钢琴班，还不好好学习。

在这个知识大爆炸的年代，最不缺少的就是蜻蜓点水式的全才，每样都知道，样样都不精，做什么都会比别人差，最可悲的是这种结果还是以牺牲孩子童年的幸福为代价换来的。

父母的焦虑就像对孩子的诅咒，焦虑会将父母给孩子的爱变成毒药，在焦虑中成长的孩子内心是脆弱的，他们时刻精神紧张，遇上重大问题最容易崩溃。其实，每一个来到世上的孩子，都是独一无二的，给孩子尊重，给孩子自由，给孩子爱，孩子自有创造奇迹的能力，且远远超出你的想象。

Kindergarten

第三章

最关键的事：帮孩子做好充分的入园准备

孩子在家“圈养”了3年，突然要去过集体生活了，除了要训练他自主用餐、如厕、懂得表达需求外，我们还应该为孩子做一些必要的物质准备与心理准备。准备越充分，孩子适应越迅速，家长与老师才能越省心。

孩子入园时，妈妈要给老师们写一封介绍孩子的信

孩子入园初期，他们对老师、同学感到陌生，同样地，孩子们对老师来说也是陌生的。有些幼儿园会要求家长为孩子写一封介绍信，有的幼儿园却没有要求。不论学校是否有要求，有心的家长都应该为孩子准备一封介绍信，让老师对孩子有个初步的了解。

静云就读的幼儿园是没有要求家长写介绍信的，不过入园第一天他们给孩子们发了一本家园手册，要求填写孩子的相关情况，也相当于介绍信的作用了，我们认真填写了，可是很多家长却认为可有可无，只写了孩子姓名，其他都是空白。

不巧的是，静云入园后，没过几天就有一个孩子出问题了。原因很简单，孩子对学校的某道菜过敏，吃了之后上吐下泻，进医院打了几天针才好转起来。而这个孩子的父母恰恰没有填写家园手册，老师如果能早一点儿知道孩子的食物禁忌，这件事情就不会发生了。

除了孩子的食物禁忌与药物过敏史，还有一些生活习惯，希望老师帮助的地方，都是家长有必要向老师介绍清楚的。介绍信具体如何写呢？下面我以静云的情况举例，大家可以参考一下。

刘静云的入园介绍信

佘老师：

你好！

这是刘静云（小名云云或静云）小朋友的基本情况，希望能够帮助老师更好地了解她，让她更快地适应幼儿园的生活，谢谢！

自理能力：

语言：表达能力不错，能够说清楚自己想做的事情。

穿戴：能够自己穿衣、穿鞋，偶尔分不清鞋子左右。

吃饭：可以独立用餐，用勺子吃饭菜。

睡觉：中午很少睡觉，睡着了爱踢被子。

如厕：尿尿与便便都能够自理。

性格特点：

孩子性格活泼可爱，很讲道理，特别爱说话，有时候表达起来刹不住车。

身体状况：

身体状况还不错，很少生病。

兴趣爱好：

喜欢阅读绘本，画画，当孩子情绪不好的时候，给她读绘本很快就能好起来。

希望老师给予帮助：

孩子没有午睡的习惯，但精神状况还不错，孩子睡不着的时候，老师可以不用管她，让她闭着眼睛就可以了。

孩子特别爱运动，每次运动后都会大量出汗，希望老师多留心，帮孩子垫上隔汗巾。

另外，孩子扁桃体容易发炎，每次发炎后高烧严重，高烧时孩子的脸蛋会特别红，不爱说话，有时候还会头痛，如果老师发现孩子有发烧的情况，麻烦及时联系家长。

家长联系方式：

妈妈：XXX

电话：XXX

爸爸：XXX

电话：XXX

选对老师，比挑选幼儿园更重要

侄儿图图3岁多来长沙读幼儿园，我们开始给他找学校。为了挑选一所比较适合他的幼儿园，我们参观了附近的四所幼儿园。最后，我们将目标锁定在其中两所。老公发表意见："我觉得A幼儿园不错，规模比B幼儿园大多了，校园够宽敞，儿童玩具也更多，孩子一定喜欢。"我有些犹豫地说："我觉得B幼儿园的老师还不错，看见孩子就打招呼，笑起来很有亲和力，估计更爱孩子呢！"老公极力劝说："你留意孩子们的宿舍了吗？A幼儿园的午睡是在隔壁宿舍，而B幼儿园的午睡是在教室，床就堆叠在教室后面呢！"我听得心里一咯噔。老公接着说："我仔细看了一下他们的洗手间，我发现A幼儿园的洗手间里非常干净、几乎没有什么气味，而B幼儿园的洗手间才三个小马桶，也太少了。"老公继续总结："对比这两所，我感觉A幼儿园各种设施都要更好一些，虽然一个月学费比B幼儿园贵了儿百元，但我觉得物有所值的，还是选这家吧！”于是，图图便进了A幼儿园读书。

然而图图上学才几天，就被老师的一些不当言行吓住了，后来，我听图图班上其他家长反映有的孩子被老师吓得不敢回学校上课了，于是几个家长联合起来投诉老师。我一边极力说老师的好话，让图图改正错误，尽量配合老师安排，一边开始为他物色新的幼儿园。

在我为图图再次挑选幼儿园的时候，无意中听到几位小学生家长在一起讨论。一位家长说：“真希望我们小区也能像你们一样分配到C小学。”另一位家长回应说：“其实孩子在哪儿读书并不重要，重要的是老师要好！”一语惊醒梦中人，为孩子选幼儿园，我们只看了外在条件，却忽视了最重要的内在因素，我们考察的重点应该是老师才对呀！

第二学期，我们果断将图图转到B幼儿园。后来，图图一直在B幼儿园读书到幼儿园毕业。事实证明我当初的第六感还是准确的。图图的班主任李老师非常爱孩子，从来不舍得责骂他们，每天从她嘴里听来的，都是由衷地夸奖孩子、鼓励孩子的话。我向李老师打听图图在幼儿园的表现时，她给予了高度评价：“图图是我从业这么多年来见过的学习能力比较强的孩子，他现在是我们班的‘小老师’。”我一听这话，脑海里立即有了一个不好的推测：“李老师会不会专说孩子好话给家长听？”这时，图图班上的两个孩子到大厅拿玩具，李老师指着其中一个对我说：“这个孩子的动手能力非常强，堆积木很厉害，我经常让他教大家玩。”然后又指着旁边另一个孩子说：“那个孩子也是个聪明的好孩子，非常懂礼貌。”后来，又有几个孩子跑出来，李老师一一描述着他们的优点，毫不吝啬赞美之词。陆续有其他家长来接自己的孩子，我们领着孩子回家的路上闲聊起来，一个小女生指着头上的小辫子问我：“阿姨，你看我这个辫子漂亮吗？”我说：“非常漂亮，谁帮你梳的？”她自豪地回答：“李老师与张老师呀，她们每天都会替表现好的小女生梳好看的小辫子。”我突然为我之前的想法感到愧疚，也替图图找到一个好老师而感到欣慰。我想，只有真心爱孩子的老师，才会发自内心欣赏孩子的优点，用孩子喜欢的方式鼓励孩子成长，而图图的班主任李老师就是一位这样的好老师。

有些家长可能会说：“我这幼儿园可是我们这儿最贵的啊！”还有一些家长可能会说：“我好不容易才把孩子弄进这所公办幼儿园的，别人想进都进不来呢！”我想说的是，在幼儿园的一切设施与条件中，没有什么是比老师更重要的。当“第一重要的条件”非常糟糕时，其他的条件再好还有什么意义呢？像A幼儿园硬件设施那么好，门口的招牌那么炫，这些对孩子又有什么影响呢？孩子可能都感觉不到。真正对孩子有影响的是融洽的师生关系。什么样的老师才算是幼儿园的好老师呢？最核心的不是老师的学识与才艺，而是她发自内心的善良和对孩子们的尊重。

有些家长可能会疑惑：“老师爱不爱孩子，我看不见，摸不着啊，那我怎么知道哪位老师好，哪位老师一般呢？”其实答案很简单——受孩子们欢迎与喜爱的老师一定差不了。家长还可以从侧面感知老师是不是爱孩子的，那就是听老师无意中对班上孩子的评价，如果老师爱孩子们，家长听到的必然是欣赏的、怜爱的、同情的词语。如果老师对孩子感情不深，也许家长会听到厌恶、烦躁、无奈的词语。

帮助孩子提前熟悉幼儿园的环境

在孩子入园季，很多家长都会担心孩子能不能尽快适应幼儿园这个新环境。其实，只要家长提前准备，孩子就不会那么抗拒幼儿园这个陌生的环境了。

1. 家长应提前陪孩子参观幼儿园

家长在给孩子挑选幼儿园的时候，可以问问园长或负责人能不能提前带孩子参观一下幼儿园或者上一节体验课。虽然有的幼儿园不可以，但是大部分幼儿园还是可以的。

静云入园前，我们陪她参观了桑梓幼儿园与彩色阳光幼儿园。进入校园，我就会向静云介绍："哇，原来幼儿园同游乐场一样，滑梯、秋千、海洋球、小车子都有啊，云云，你来摸摸看，喜不喜欢？"静云自然是开心的，还会爬上去玩两圈。

我们参观大厅的时候，老师告诉我们小朋友会在这里用餐，我蹲下来抱了抱静云，指着长条桌与小椅子说："云云，你过去坐坐看，等你入园了，老师就会让小朋友坐这儿吃饭了，这个桌子、椅子太适合你了，对不对？"静云一个劲儿地坐在椅子上比划，我问她："云云，如果你们在这儿吃饭的时候，有个小朋友总是跑来跑去，你觉得他这样的行为对不对？"云云回答："不对。"我又问她："食堂的饭菜一般都是小朋友爱吃的，食堂的饭菜偶尔有你不爱吃的，可是如果不吃，下午你的肚子会饿，那你可以勉强吃一点儿吗？""是的，妈妈。"静云一边继续研究桌椅一边爽快答应。

下一站老师陪我们参观了孩子们睡午觉的地方，一排排床堆放得整整齐齐，我突然想到静云在家里从来不睡午觉，不禁有些担心起来。我指着小朋友的床问她："云云，很多小朋友在一起睡觉，可是你睡不着，你可以安静地闭目养神，不要吵到其他小朋友休息，可以吗？”她点头说：“嗯。妈妈，我可以的。”我摸摸她的小脑袋鼓励她：“你真是体谅他人的好孩子，也许刚开始睡不着，以后你习惯了就会睡着的。”

接着，老师又陪我们参观了孩子们的教室，老师正在教小朋友读儿歌，静云一听来劲了，认真旁听起来。我又开始给静云打预防针：“云云，你看两个老师要给三十多个小朋友上课，如果小朋友上课讲话，你觉得对不对？”她一边摇头一边回答：“当然不对啦，小朋友都讲话，就听不清楚老师说什么了。”

最后，我们参观了孩子们的洗手间，卫生条件还算不错，是一排小马桶。我告诉静云：“宝贝，你看这些小马桶是不是同家里的移动坐便器差不多？可是它多了一个神奇的按钮。静云好奇地问我：“妈妈，神奇按钮在哪里呀？我能按吗？”我示意她按马桶上的按钮冲水试试，她试了之后，又想了几秒，然后一副恍然大悟的表情激动地说：“妈妈，这是把便便冲走的按钮！”我乐了，夸奖她：“厉害了，我们家云云，一猜就猜中了。所以，每次我们使用完小马桶都要冲水，然后到这边的洗手盆洗手，用毛巾擦干小手再走出洗手间。”

随着我们一路参观，一路讲解，静云对幼儿园熟悉多了。

2. 家长陪孩子在家情景演练，可以大大增强孩子的自信与处理问题的能力

家长与孩子可以通过角色扮演让幼儿园的情景再现。我的好朋友小梅就是通过这个方法让儿子军军尽快熟悉幼儿园生活的。军军扮成老师模样假装给小梅读儿歌，小梅坐在小凳子上跟读。突然，小梅举起手说：“报告老师，我想上洗手间。”军军哈哈大笑起来。小梅装作很着急的样子说：“军军老师，你快点批准我去洗手间吧，我快要憋不住了。”通过这样的情景演练，孩子就会懂得如果上课时要上洗手间了，应该先报告老师，老师同意后再去。而不会出现老师正在上课，孩子不知道应该怎么办，只好强忍着，最后导致尿裤子的结果。

小梅吃饭的时候也与军军模拟幼儿园场景。军军像往常一样等待爸爸妈妈喂饭，小梅也学着军军的样子，坐着等喂饭。扮演老师的军军爸爸这时候走过来说："军军同学、小梅同学，你们为什么不吃饭呀？"小梅抢先说："我们不会吃饭，我们要老师喂饭。"军军爸爸指着饭勺对她们说："你们学着自己吃饭好吗？这么多小朋友，老师喂不过来，还是自己学着吃饭最好，你们说呢？"小梅还没吭声，军军抢先说："好，我自己吃饭。"说着，拿起勺子开心地吃起来了。经过多次练习之后，军军再也不需要爸爸、妈妈喂饭了。

小梅家这种模拟幼儿园的场景练习是非常实用的，一方面孩子喜欢玩游戏，乐此不疲，另一方面，孩子通过游戏的形式锻炼了生活自理能力，熟悉了幼儿园的生活方式。当孩子经过多次这样的情景演练后，对幼儿园肯定不会再陌生，而且会表现得更自信。

3. 换位思考，提前教孩子一些处理问题的技巧

家长要把自己摆在孩子的立场，好好想一想，从早到晚，我们的孩子将会在陌生的幼儿园里遇到什么问题。当问题出现的时候，孩子应该如何恰当地解决呢？

比如：孩子不知道洗手间在哪里，怎么办？孩子上课时要上洗手间了，怎么办？孩子正在玩玩具，其他小朋友抢着玩，怎么办？

只要我们提前与孩子商量好怎么处理，孩子面临问题的时候就不会紧张了。像静云从来不午睡，可是幼儿园的孩子们每天都要午睡两小时，作为家长，就有必要告诉她，午睡时不能随便讲话，不能走动，我们可以闭着眼睛，想一想今天学习了什么，想一想今天吃了什么，等等，如果实在没睡意，还可以看看天花板，默默观察一下寝室，等等。

幼儿园虽然对孩子而言是个陌生环境，只要让孩子做到有备而来，我们就会发现，要不了一周时间，孩子就会对幼儿园逐渐熟悉了。

调整作息时间，让孩子提前适应幼儿园生活

有的家庭父母作息时间规律，孩子每天晚上八点左右上床睡觉，早上七点多便醒来了，这样的家庭，孩子上幼儿园就不用刻意调整作息时间了。可是，我发现这样的家庭少之又少。大部分家庭育儿都比较随意，家长下班了看电视、吃夜宵、玩手机，孩子也跟着各种活动，十点、十一点能上床睡觉已经算很不错了，到了早上，家长为了让孩子补足睡眠，大多会让孩子睡到自然醒，孩子醒来时已经是九十点钟了。显然，孩子上幼儿园后，我们就不能这样任由他们像往常一样作息了，我们可以提前两周左右突击，帮孩子调整作息时间，让孩子提前适应幼儿园的生活。具体如何操作呢？下面是给大家的一些参考建议。

1. 通过多种方式教孩子认识与感受时间

孩子不像成年人那样有时间观念，家长可以在书店购买适当的时间道具，教孩子先认识时间。我给静云买过一个硬壳纸的时间钟表，先教她认识时钟、分钟、秒钟的指针，然后告诉她指向哪儿是几点几分几秒。再告诉她，什么时间段是上午，什么时间段是下午，什么时间段是晚上。在这些时间段，我们一般情况下分别会做些什么事情。静云通过自己摆弄、玩耍，对时间有了初步的概念。

接着，我们又教静云认识手机上显示的时间，她熟记之后看到油烟机

上显示的时间也能很快认出来。这时候，我们送了一块儿童手表给她。刚收到新手表的她，左摸右看，爱不释手，我们时不时问她："云云，现在几点了？"她就会为我们报时："现在 11 点 45 分了！"我们会说："啊，还有 15 分钟我们就要吃午餐了。"出门玩耍的时候，我们也会告诉静云，我们散步时间大概是 1 小时，现在是晚上 6 点 35 分，我们 7 点 35 分左右回家，静云时不时就会查看手表，看看我们是否到了应该回家的时间，如果时间到了，她就会催促我们回家。有时候静云与小朋友玩得正高兴，不愿意回家，她会央求我们："再玩 5 分钟好不好？时间到了，我就回家，你看我现在玩得正高兴呢！"通过对时间的认识与训练，静云现在都可以估计时间了，这已经很不错了。对于孩子作息规律的调整，训练孩子具有时间观念后，可以说从根本上解决了很多问题。

2. 制作表格，设置奖励，帮孩子调整作息规律

家长可以精心为孩子制作一个作息表格，将表格贴在孩子床头，再购买一些奖励小贴纸，根据孩子的表现奖励贴纸给他，并且经常鼓励孩子获得更多的贴纸奖励。奖励贴纸本身就是对孩子行为与习惯的一种认可，就是对孩子的表扬，家长可以不必再另外给奖励，如果家长有心，也可以设置一些贴纸兑换小奖品的奖励，最好提前设置好，不要到时候与孩子讨价还价，打击孩子执行的积极性。

表格的内容大致包括这几条：早上起床时间 7：00—7：10、睡前故事时间 20：30—21：00、晚上睡觉时间 21：00—21：10 等等。如果孩子早起了，但晚睡了，家长就要鼓励孩子尽量按时休息，这样早上起来才不会犯困，精神才会好。有些孩子为了争取晚上多玩一会儿，可能会对家长说："我晚一点儿睡，早上照样可以起得来。"这时候家长就要根据孩子的实际情况来判断了，如果孩子晚一点儿睡，第二天早上起床后，整天精神都不错，那我们可以试着把入睡时间稍微延迟一点儿；如果第二天孩子老犯困，中午午睡三到四个小时，那就证明他晚上睡觉的时间不够，必须想办法让孩子再早一些入睡。

3. 作息时间调整，应该循序渐进，不应操之过急

家长为了适应幼儿园的作息规律，强行让孩子必须 8 点半上床睡觉。结果，孩子上床后翻来滚去睡不着，一会儿要这样，一会儿要那样，家长想出各种招数让孩子老实了，孩子也是瞪大眼睛盯着天花板，一两个小时过去了，还是精神非常好，完全没有要睡觉的迹象，家长只能一边继续坚持原则，让孩子必须 8 点半上床睡觉，一边为孩子睡不着而苦恼不已。

孩子虽然平时没有按时作息，但他也有自己的生物钟，如果平时是晚上 11 点入睡，孩子可能要到那个时间点才会有睡意。要调整过来，我们不用一步到位，可以循序渐进，每隔几天提前半小时入睡。一般情况下，孩子入睡时间提前了，早起时间也可以相应提早。静云就是这样，只要能让她早些入睡，早上再让她早些醒来是非常轻松的事情。

总之，孩子入园前，调整作息规律是一件小事，也是一件非常重要的事情，家长一定要重视起来，不然会影响孩子的上学情绪，甚至让孩子对上幼儿园产生抵触心理。

入园前如何训练孩子独立上厕所

孩子出生后，家长会给孩子使用尿不湿到 3 岁左右，即上幼儿园之前，孩子很可能还不会独立上厕所。当然，也有不少孩子 2 岁左右，甚至 1 岁多就不再使用尿不湿，可以自行上厕所，静云就是 1 岁半左右自己学会上厕所的，只是擦屁股的事情还是要我们帮忙完成。不管怎么样，训练孩子独立上厕所最好能在入园前顺利完成。

1. 家长可以给孩子准备一个他喜欢的儿童坐便器

现在不少家庭都使用马桶，孩子要踩着凳子才可以爬上去使用，非常不方便。家长可以给孩子挑选一个他喜欢的卡通儿童坐便器。我给静云买的是一个橙色坐便器，拆开包装，我把坐便器拿出来放在地板上，静云好奇地问："妈妈，这是什么玩具呀？"我示意她坐上去看看，让她猜猜是做什么用的，静云坐上去推着坐便器滑行了一会儿说："妈妈，这个木马太矮了。"我哈哈大笑，告诉她这是送给她上厕所用的，我把她领去洗手间，对她说："云云，你看，这是我们大人上厕所的大马桶，而你这个比我们的马桶更漂亮，它就是你的坐便器。"静云一听乐了，大声说她很喜欢，并且向我表示她以后要上厕所了就自己去上。令我们不可思议的是，一会儿她就自己脱了裤子在坐便器上尿尿了，那时她才1岁半，这让我们觉得，原来训练孩子上厕所是如此的容易。

2. 家长不要给孩子穿太紧的裤子

我侄儿尚尚是所有亲戚孩子中最慢学会自己独立上厕所的。即使是好不容易学会上厕所后，还时不时会尿湿裤子。侄儿刚入园的时候，弟妹总是会在他的书包里放一条备用裤，我一方面感慨她用心良苦，非常细心周到，另一方面也感到好笑。因为弟妹非常喜欢给尚尚买各种时尚的紧身裤、小皮裤、牛仔裤等等，小朋友都是玩到不能忍受了才急匆匆跑去洗手间的。其他小朋友轻松就能把裤子脱下来，尚尚就不容易了，有时候费了好大劲儿成功把裤子脱下来了，有时候还没把紧身裤拽下来就开始"水流成河"了。后来，我买了几条宽松的裤子送给尚尚，我发现他穿得挺好的，最重要的是，他自从穿了我给他买的裤子后，很少会尿到身上了。

3. 男女有别，学上厕所要注意方法

静云与一个3岁左右的小男孩在公园里玩得正开心，突然小男孩站起身跑到一边，飞快地把裤子脱了下来。静云一见赶紧捂住眼睛说：“羞羞，真是羞死人了。”我本来想着小家伙可能是尿急，来不及找洗手间了，没想到一回头，看到他居然站着在便便，紧接着，孩子奶奶冲了过去，尖叫起来：“唉呀，你真是笨啊，全掉裤子里了，这可怎么办啊！”奶奶处理完小男孩的卫生问题，一脸不好意思地对我们几个陪孩子玩的家长说：“唉呀，这孩子，学了站着尿尿，后来就站着便便了，老是忘记蹲下来。”

爸爸在教小男孩上厕所的时候，一定要注意先后顺序，先坐后站，可以先练习蹲着便便。可能刚开始他也会蹲着尿尿，这没关系，以后再慢慢教孩子站着尿尿就可以了。估计公园里那个小男孩是“坐着便”与“站着尿”一起学习，他记不清楚，便容易混淆。

如果我们养育的是女孩，在教育孩子独立上厕所时，妈妈可以示范给孩子看，如何把屁股擦干净。每次给孩子擦屁股时都要说一下步骤，特别是便便的时候一定要从前往后擦，以防尿路感染。

4. 家长要教孩子如厕后随时冲水，便后洗手

孩子上完厕所就会迫不及待跑去玩，家长要告诉孩子为了后来的人，我们要及时冲水，以及便后一定要洗手的重要性。为了鼓励孩子洗手，家长可以为孩子准备一块漂亮的儿童香皂。

为孩子准备好一些必要的入园物品

孩子入园要准备的物品其实挺简单，尽管如此，还是有不少家长不知所措。等孩子到了幼儿园，别人家的孩子都准备充分，就你们家孩子没有，相信他会很不快乐。既然谈到这里，下面我们就来看看，家长应该为孩子准备哪些必要的入园物品。

（1）被褥与书包。家长要给孩子准备的大件物品要数这两样了，有的幼儿园要求家长准备，也有不少幼儿园是统一收费购买的。家长可以先向学校了解情况，再决定要不要购买。

（2）学习用品。一般幼儿园会要求家长在入学时给孩子准备油画棒、橡皮泥、铅笔、橡皮等一些常用的学习用品。家长在选购的时候，只要保证无毒、安全、环保就可以了。同时家长还要教孩子在使用的过程中应注意正确使用，以免发生危险。

（3）衣服。每天至少要准备一套干净的衣服放孩子书包里，温差变化大的时候，还要为孩子准备一件马夹放书包里。可能有的家长觉得没必要。我只想告诉你，孩子懂得上洗手间了，也有玩得来不及的时候，即使不存在这样的问题，许多小朋友在一起，还可能将菜汤不小心洒到身上，与其他小朋友相撞，摔倒而弄脏衣服的时候。我们放一套备用的衣服，用不上没关系，关键时刻可以给孩子替换，孩子就不用穿着脏衣服而感到难受了。还有一些孩子如果自己上洗手间不熟练，可以多为他准备几条备用裤子。之前我就遇到一位幼儿园的孩子穿着打底裤，老师说他自己的两条裤子都尿湿了，这条还是学校备用的打底裤。另外，给孩子的衣服最好不要太多装饰，男孩子不要用带拉链的裤子，要以舒适、方便穿脱为原则。

（4）给孩子准备一双替换的鞋子。孩子不小心弄湿鞋子后可以替换，鞋子要选软底、跟脚、轻便的跑步鞋或旅游鞋，不要使用系鞋带的。孩子在幼儿园的活动很多，不能像家里一样随便穿。静云就是一个非常喜欢弹跳、攀爬、跑动的孩子，她穿坏鞋子的频率比一般孩子都要高，后来我特别为她选购运动品牌的鞋子，这才让我省心一些，不然我总感觉她又要穿着踢坏头的小皮鞋回家了。

（5）给孩子准备一份体检报告与疫苗接种证明。家长可以带孩子到当地的卫生院给孩子做一份常规体检，入园时要用。有些幼儿园还需要卫生院开具的疫苗接种证明，家长也可以提前准备以便备用。

Kindergarten

第四章

克服分离焦虑，让孩子开开心心上幼儿园

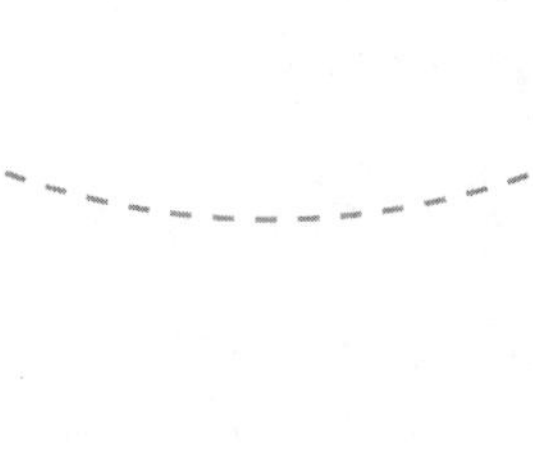

没有爸妈给的安全感，只有老师同学陌生的面孔，这些无疑是孩子惧怕去幼儿园的原因。对症下药，多准备、多演练，变陌生为熟悉，孩子就会感觉好多了。

再让孩子看看幼儿园的滑梯、玩具，看看哥哥姐姐怎样唱歌、跳舞、做游戏……当孩子在幼儿园里所经历的每一天都那么精彩，他们就会觉得幼儿园有一种无形的吸引力，就会有“想上幼儿园”的欲望。

父母要正确看待孩子的入园焦虑

静云上幼儿园之前，我们做了很多的准备工作，我甚至在脑海里演练过多遍。如果她哭，我要怎么说？如果她不肯让我离开，我要怎么办？结果，她只是有些情绪低落地对我挥手说："妈妈，拜拜。"然后跟着幼儿园老师头也不回地进教室去了，这让我内心有些不是滋味。

要让一个孩子突然离开每日相伴的父母身边一整天，可以想象他会是怎样的不安与焦虑。即使是对于我们成年人来说，突然离开家乡去外地工作，也会有诸多的挂念与不舍。哭闹几乎是幼儿园孩子们表达不安最直接、最常用的方式，特别是幼儿园小班，刚入园的小朋友，好不容易忘记了父母不在身边这回事，如果见到其他小朋友哇哇大哭，边哭边叫"妈妈"，原本脆弱的心理防线可能就瞬间崩溃，也跟着哭喊起来。特别是放学时间段，有的家长早早就来接孩子了，有些家长要晚一些才来接孩子。那些与父母分离了一天的孩子们，看到同学们投入到爸爸、妈妈的怀抱，而自己的爸爸妈妈还没有出现时，也是情难自抑，非常难受与着急。所以，我们时不时就能听到小班教室内此起彼伏的哭泣声，叫喊声，夹杂着老师耐着性子安慰的声音，不停地说"爸爸妈妈快来了"，可是他们却总是不来，因此每来一位家长接孩子，剩下的孩子就会开始新一轮的哭泣。

孩子舍不得父母，与父母分开会感到痛苦，会忍不住哭泣，这是正常的表现，这种与父母的分离焦虑是孩子很正常的情绪反应。但是静云却出乎意料地没有哭泣，我反而有些担心。中午时分，我悄悄给班主任老师发信息询问静云的情况，问她有没有哭泣之类的话，班主任老师却高兴地回答："静云表现非常好，认真吃饭，现在已经午睡了。"第二天也是如此，这表现太不可思议了，我反而觉得有些怪异，晚上我陪她玩了一会儿游戏之后，抱着她问："云云，你们幼儿园好玩吗？"她愣了一下，回答："还不错。"我又问："老师怎么样？"她又是一句："还不错。"我怕问不出什么，于是开门见山地问她："你们学校里那么多同学哭，你哭了没有？"静云抬头看了看我，突然紧紧搂住我的脖子说："妈妈，我明天可不可以不去幼儿园？我想跟妈妈在一起。"我什么也没有说，只是用动作回应她，也把她搂得紧紧的。我摸摸她的头，亲亲她的脸，安慰她说："妈妈也想你，与亲人分开的前几天心里都会有些难受的，以后你就会慢慢适应了。忍一忍吧，好不好？"她点点头，第二天又坚持去上学了。

静云入园还算是比较省心的，这当然也与我们做了充足的准备工作是分不开的。后来，我又在静云表弟尚尚入园时，建议他父母做了不少准备工作，帮助他更好地度过这一关键时期，尚尚表现得更令我们意外。因为他爱上了幼儿园的空气城堡，每天早上一个鲤鱼打挺便起身穿衣，背起书包吵着要去学校，逗得一家人哈哈大笑。

后来，身边同学、朋友、同事、亲戚的孩子陆续入园，我发现那些用心为孩子准备的家长，孩子入园后也都同静云、尚尚一样，过渡平稳，几乎没怎么费劲，最多也就是哭泣几回，便顺利走上正轨了。而那些满不在乎、完全不做准备的家长们，无一例外都经历了图图类似的过程，孩子哭，家长忍痛狠心不理，哭几天就好了。也有些孩子因为大哭出汗感冒的、发烧的、做噩梦的、叛逆的。这仅仅是短时期的不良反应，如果这件事处理不好，估计孩子内心的不安全感会更强烈，很可能影响孩子以后的生活与学习。所以，入园焦虑一定要引起父母的高度重视。

提前准备，激发孩子入园的美好期望

入园前，为孩子做的准备越多，孩子适应起来就会越快，如果准备不足，那孩子的压力与对幼儿园的排斥感也会相应大一些，特别是一些性格偏内向的孩子，适应期还会相应加长。那么，孩子入园后，家长如何帮助他们尽快适应幼儿园的生活节奏呢？

1. 让孩子多同已经上幼儿园的大孩子一起玩耍

可以带孩子去邻居家找小哥哥、小姐姐，也可以邀请他们来家里吃饭、做游戏等。孩子一起玩耍的时候，家长可以问问他们幼儿园有趣的事情、有意思的活动，孩子在旁边听着也会慢慢被感染。静云还算是比较幸运的，但她的堂哥图图入园时因为毫无准备，受了不少罪，真正是强行适应过来的。静云从出生开始就跟着奶奶围观哥哥的幼儿园生活，接哥哥放学，同哥哥一起玩耍，甚至同哥哥幼儿园的好朋友一起玩耍。连哥哥学校的老师也都无一不认识静云。所以，估计她心里也是很明白自己读幼儿园将会是怎样的一个过程——离开家，上学，同小朋友玩耍，然后放学，还能学唱一些好听的儿歌，等等。她这个围观者总是经常缠着哥哥教她念儿歌，对学校也充满了向往。

2. 带孩子多交朋友，多参加活动

入园前，我们可以带孩子在幼儿园附近玩耍，如果有机会，还可以同幼儿园的小朋友一起玩耍。如果能玩玩幼儿园的滑梯、坐坐幼儿园的玩具小车子，那就再好不过了。告诉孩子，幼儿园其实就是老师带着一群小伙伴一起做游戏、学知识、吃饭、睡觉，非常有意思。

入园前几天，放学后，家长可以尽量与孩子的同学及家长结伴而行，或者再玩一些游戏、活动，周末也可以一起玩耍，多让孩子出去结交朋友，让他们感受与朋友一起玩耍的乐趣。

3. 提前让孩子认识老师，与老师相处

一回生，二回熟。如果在入园前孩子就见过老师，打过招呼，那么当她第一天入园时，孩子也会感觉好很多，就像老熟人见面了一样。

静云由于受堂哥先读幼儿园的影响，所以也就早早认识了幼儿园的老师，她也会亲切地叫“佘老师好”“郭老师好”。老师对她印象自然也是极好的。

4. 对孩子的基础能力进行培养

我有一个朋友把孩子送进幼儿园后，自己就完全不理不睬，结果别的孩子都学会写数字，数数到20了，他们家的孩子连数到10都做不到。老师是不会另外开小灶给孩子补习的，所以孩子从一开始就跟不上节奏，整天混水摸鱼，压力特别大，只好哭着喊着不想上幼儿园了。尽管孩子现在的重点不在于学知识，但在孩子入小学的前期，家长也可以通过老师教授的内容了解一下孩子的学习能力。比如，在上学、放学的路上，询问一下孩子老师讲授的内容，看孩子能掌握多少，是否能跟上老师的节奏，等等。孩子掌握了一些基本的知识后，也会更有自信。

5. 对孩子的生活自理能力进行培养

生活自理能力包括自己穿衣穿鞋、上洗手间、吃饭等，这些家长都可以在家里提前训练好。如果孩子到学校后被其他孩子嘲笑这不会那不会，对他而言将是重大打击，也会让他排斥上幼儿园。

静云很早就训练了生活自理能力，在学校里，她可以自己喝水、吃饭，上洗手间大小便，也可以午睡后自己穿衣、穿鞋，完全不用老师帮忙。我发现老师也非常喜欢这样的孩子。大家可以想想看，幼儿园一个班基本上就两个老师，却有三十多个孩子，如果这个小朋友上洗手间让老师擦屁股，那个小朋友喝水让老师接，即便老师有三头六臂，也得忙得手脚朝天。显然那些生活自理能力比较好的，让老师省心的小朋友更容易得到老师的青睐与表扬，老师也愿意给这样的孩子更多的锻炼机会。静云就因此获得了“国旗手”“小主持”的称号，这是让我比较意外的。如果锻炼的机会多，孩子除了锻炼能力得到提升外，更重要的是自信心也会大大增强，自我价值感、认同感也会大大增加，这点对孩子的成长也是相当重要的。

6. 放学后，多与孩子交流

不要把孩子送去幼儿园就不管了，家长接孩子回家后，要多与他们交流，让他们分享一下学校的趣事。多往积极的方面引导，让孩子爱上幼儿园、老师和同学，孩子才能对幼儿园产生好感，才愿意去上学。

每当静云谈起幼儿园问题或老师问题的时候，我总会把握一个大前提，不能让她对幼儿园失去信心，不能讨厌老师。立场站定了，说话的时候自然也平和多了。有一次午睡时，静云的同床一个劲儿在吵闹，她想让同伴安静下来，可她刚一出声，就被进来巡视的老师发现了，于是，那天中午她被老师不由分说地罚站了几分钟。这是她第一次被老师罚，回到家的时候，她一副受了莫大委屈的样子，让我去替她向老师讲清楚情况。我并没有找老师，只是笑着抱抱她，对她说：“云云，妈妈知道你受委屈了，这的确有点儿不公平。那你觉得老师管教三十多个学生，偶尔犯点儿小错，是不是可以理解、包容一下她？原谅她算了，好不好？”她大度地点头，这事就这么过去了。后来，她处理问题的时候，也很能站在别人的立场上，大事化小，小事化了。在幼儿园里，她基本上每天都是开开心心的，有时候甚至让我觉得她的气量比我都大。

7. 坚持送孩子入园读书，不要轻易间断

只要孩子的身体情况允许，就应当坚持周一到周五按时送孩子去幼儿园，也要按约定时间按时来接孩子。有时候孩子有点儿感冒，吃了药也要坚持让孩子上学，如果时不时在家休息几天，就会延长孩子的适应期。

缓解孩子的入园焦虑，允许他们带小玩具

由陌生到熟悉的过程，我们总要经历一番内心的煎熬，对成年人如此，对孩子更是如此。入园初期，走进的是陌生的校园、陌生的教室，面对的是陌生的老师、陌生的同学，孩子内心的苦楚是不可名状的，如果这时候有他熟悉的小玩具陪伴他，他的感觉就会好多了。

在朋友小鸿家做客，小鸿看着在一旁玩小火车的儿子，对我抱怨说："军军马上要读幼儿园了，我终于可以多一点自己的空间了。问题是已经给他报了名，他却不肯去，还哭着嚷着说去了就见不到妈妈了，也见不到豆豆了。"我好奇地问："豆豆是谁？"小鸿指着军军正在玩的火车说："就是那辆玩具火车，军军爸爸给他买的，喜欢得很呐！"我乐了，安慰小鸿："这很正常啊，孩子一直是你带，同你感情好嘛。你就让他带着豆豆去学校吧。"小鸿一副若有所思的样子，想说什么又没吭声，我接着说："孩子入园得有个适应的过程，他喜欢豆豆，就让他带着，有熟悉的豆豆陪着他，他也会安心许多。再说幼儿园又没有禁止带玩具。对不对？"

后来，小鸿果然采纳了我的建议，让军军把豆豆带去了幼儿园。虽然小鸿离开的时候，军军哭了。不过，马上有小朋友看见了军军手里的小火车，示意让他玩给大家看，军军给大家表演起来，很快就忘记了妈妈的离开。等军军静下来时，想起妈妈难过的时候，其他早一点儿进幼儿园的小朋友也会安慰他，同他说话，或者分享自己的小玩具，大家一起玩儿。一天下来，军军的表现还是相当不错的。

过了一个多月，我与小鸿再次见面的时候，军军已经可以背几首小儿歌了，小鸿说他已经很好地适应了幼儿园生活，并且时不时还会带其他的小玩具去学校，与小朋友们一起玩儿。

当然，带玩具只是一个例子，家长可以看看孩子平常最喜欢什么，带他喜欢的就可以了。有的孩子可能喜欢的不是玩具，而是一本书，女孩可能喜欢的是关于花朵或小动物的书；男孩喜欢的可能是关于车辆、恐龙的书，没关系，让孩子带着这些喜欢的书籍去幼儿园吧，这样可以让孩子在闲暇之余丰富写作知识。

总之，只要是孩子觉得带什么小玩具、小物件可以让自己感觉舒服一些，好过一些，又不会伤害、影响到其他小朋友与老师，那么家长就让他们带着吧。不要害怕我们宠坏了孩子，孩子只是在这一特殊时期需要过渡一下，当他很好地适应了幼儿园，交了好朋友之后，他就能很好地融入集体，当他们发现更有意思的书籍、游戏、事情之后，就会把这些曾经依恋的小玩具抛之脑后了。

鼓励孩子结交新朋友，减少对父母的依恋

我们不难发现孩子喜欢的永远是孩子，因为他们能一起玩，一起疯，有共同语言。如果孩子入园后，能够快速结交一两个新朋友的话，无疑会大大减少孩子对父母的依恋。

静云入园时，我就给了她一个任务：结交朋友。结果，第一天她放学回家，就告诉我认识了两个小朋友，仅仅只能说出名字，并没有同她们玩，只是因为她们坐在自己的身边。第二天放学回家，她又告诉我认识了两个新的小朋友，也是能说出名字，并没有一起开心玩的事儿。

到第三天、第四天、第五天时她的新朋友里都有一个相同的名字，叫

黄诗婷。我抓住机会问静云："云云，你挺喜欢黄诗婷的吧，她一定是个非常有趣的人。"静云很惊喜地说："妈妈，你怎么知道啊，她是我在幼儿园的新朋友，我最喜欢同她玩。"我赶紧让她聊聊关于黄诗婷的事儿，她告诉我："黄诗婷爱画画，我也爱画画，她画得比我要好。不过，没关系，她说了，她会教我的。"我鼓励她："你认识的这个新朋友真不错啊。"

自从静云认识黄诗婷以后，我就安心多了。因为，她每天都会想着第二天要带给黄诗婷什么惊喜，要分享什么小礼品给她……总想着快一点儿见到她的小伙伴。而我偶尔去学校接静云的时候，也会同黄诗婷打招呼，告诉她静云如何喜欢她，赞美她。她们的关系越来越好，上课坐在一起，下课一起玩，午睡在一起，兴趣班也一起，甚至放学了，她们还要一起玩会儿才肯回家。

后来，静云又与班上的几个小朋友成为朋友。周末，我会时不时邀请她的小朋友来家里，同静云一起喂喂她的小鹦鹉，一起玩玩她的各种积木，或者一起去户外摘草莓、桔子，捞小鱼、爬山等。她们的关系越来越融洽，每天都期待着能尽快见面。

有家长曾询问我，如何鼓励孩子在幼儿园交朋友？其实我觉得还是很简单的，你们也可以借鉴一下静云的方法。

第一步，主动出击，可以让孩子带一些小零食、小礼物之类的分享给新认识的同学。小孩子心思单纯，都喜欢对他们好的人，如果有小朋友主动分享给他们，他们除了会感恩回报外，也会很喜欢对方，愿意成为对方的朋友。

第二步，教孩子多发现小伙伴身上的优点，赞美与欣赏他们的优点。可以说这世界上的每个孩子，当然，也包括成年人，没有不喜欢听赞美之词的。

第三步，家长可以适当帮帮忙，助助力。接孩子的时候，认识一下孩子的好朋友，打打招呼，也同他们的父母认识一下。周末还可以相约一起户外玩耍，加深感情。

第四步，教孩子一些与朋友的相处之道。要理解、包容朋友，力所能及地帮助朋友，学习朋友身上的优点，等等，遇到孩子与朋友闹小矛盾的时候，家长发现后，也要及时引导孩子合理解决。

相信通过以上四步，你的孩子入园不到一个月就能交到自己的好朋友了。

要克服焦虑的不只是孩子，还有父母

孩子入园会焦虑，我们看在眼里，也很容易理解，可是父母的焦虑却并不容易被人发现，最无奈的是，这种焦虑的心理折磨家长的同时，还会加深孩子的不安与焦虑。

不用说别的家长，先说说我自己吧，静云入园前我们是做了不少准备工作的，可是当静云随老师走入教室的那一刹那，我还是忍不住在心里思考各种她可能在幼儿园出现的问题。工作的时候完全沉不下心来，时不时就会看看手机，或者想打电话问问老师静云的情况，又觉得这样影响不好，于是强忍着。

好不容易到了中午吃饭时间，我还是打电话向老师询问了一番，老师说静云表现不错，我却认为老师是在安慰我。又过了一会儿，手机微信响了两声，我赶紧查看信息，是静云班主任发来的。我顿时紧张得手心直冒汗，就怕云云在学校出了什么状况，是不是老师通知我马上去接她？一看，原来是一张云云在学校吃饭的照片，老师说："静云表现得很棒，自己吃饭，还吃得很好呢。"我终于稍稍放心了一些。

到了下午放学时分，我又开始纠结要不要提前去接孩子，要不要问问老师今天孩子在学校一天的表现情况。这时候，手机微信又响了两声。我马上翻开信息，果然是静云班主任发来的，老师贴心地拍了一张照片，静云旁边还坐着两个小女孩，老师告诉我："静云是个乖孩子哦，很快就有了两个好朋友。"我悬着的心终于放下了，在心里默默地给孩子点赞，我感觉我的焦虑甚至远远超过她呢。

孩子都很敏感，时刻都在观察父母脸上的表情，他们的很多行为也会根据我们的暗示来调整。如果父母对孩子入园表现得很焦虑、担心，那么孩子就会很快接收到你的信息。他也会认为入园这件事并不是一件令人开心的事，也会变得加倍担心起来，等于说他除了自身的焦虑外，又加上了父母传递给他的焦虑。孩子看到妈妈哭，会加剧自己的焦虑不安。我发现那些孩子入园要花很长时间适应，往往都是因为家长表现得比孩子还紧张，还不安，并且反复在孩子面前表现出这种负面情绪，让孩子久久无法适应入园生活。

那么，孩子入园后，家长要如何简单调整自己的心态，摆脱折磨人的焦虑呢？

1. 我们要多提醒自己，孩子的适应能力比我们想象的要强大得多，只要给他机会，他就能很快适应入园后的生活

同时，我们也要把这种想法传递给孩子，我就时常对静云说："只要天天坚持上学，你很快就会发现同小朋友一起生活，比同爸爸妈妈在一起更有意思。"当静云对我说起她的不安时，我也会安慰她："刚刚与爸爸妈妈分开，心里当然会有些不舒服，妈妈也舍不得宝宝去学校啊。可是宝宝要长大，要学知识，学校是最好的地方，妈妈必须坚持送你去学校，你也必须坚持去学校。对不对？”有时候，我还会用绘本故事的主人公形象激励静云，让她明白这是一条必经之路。如：“云云，你还记得鸟妈妈养的那只鸟宝宝吗？到了学飞的年龄，因为鸟宝宝不愿意去学校练习飞行，鸟妈妈也不忍心，所以一直把鸟宝宝留在家里，后来蛇来了，鸟宝宝飞不起来，被蛇一口吞了。妈妈希望你去学校学本领，你也不希望自己像鸟宝宝那样被蛇吃掉，对不对？”云云点头称是，她要上学的信念也因此加强了。

2. 对孩子的表现不要期望过高，更不要拿孩子与别的孩子比较

比较就容易产生心理失衡，容易得出“别人的孩子都是棒棒的，只有我们家的孩子不行”的结论，从而导致家长带着严重的负面情绪育儿。有的孩子入园后适应快，有的孩子入园后适应慢一些，这与孩子的性格、孩子的家庭教育情况都有很大关系，我们不能盲目对孩子提要求。例如，有些父母指着孩子气急败坏地说：“你看她怎么不哭，就你没用，哭哭哭。”还有一些父母会对孩子说：“大家都表现那么好，怎么就你不同，这么没用。”这样说话，除了让孩子更难受，更加不能适应幼儿园之外，没有任何好处。

3. 别把自己的焦虑转嫁给孩子

家长都希望孩子好，希望孩子优秀，特别是那些全职在家带娃的妈妈们，更希望自己孩子表现得好一些。因为她们认为为了孩子牺牲了工作，舍弃了前途，她们希望能够在孩子身上得到良好的回馈。在我身边这样的家长就有不少，特别是二孩家庭。孩子入园还没适应过来，又给孩子报上各种兴趣班，希望孩子全面发展，早日成才，压得孩子喘不过气来。即使勉强能够适应妈妈为他们设计的节奏，孩子也是活得一脸无可奈何的样子，早早便失去了童真的笑容，何必呢？

家长要接纳自己的孩子，了解他的情绪，然后慢慢安慰他，鼓励他，给他正能量。记住：我们说话之前，一定要想一想是不是正能量的话。如果不是，那你不如不说。

总之，要帮孩子克服入园焦虑，家长必须调整心态，先把自己的焦虑情绪解决了再说。

入园前家长绝对不能对孩子说的话

进入幼儿园是孩子脱离家庭，踏入社会的第一步，孩子有那么多需要适应的问题：没有爸爸妈妈，没有亲人，只有陌生的老师和同龄的孩子。家长不能因为心疼而让孩子当逃兵，也不能强制性要求孩子一下子适应这个陌生的环境与陌生的人。特别是在孩子入园前，有些话家长一定不能说，以免让孩子对幼儿园产生恐惧。

图图总喜欢在奶奶面前撒娇，衣服鞋子要奶奶穿，连口渴了也是直接喊：“我要喝水。”然后就等着奶奶双手奉上。如果奶奶说：“你自己去倒。”他会说：“我不会。”吃饭的时候，奶奶有意训练他自己吃，他则一副小少爷的样子，坐在饭桌前一边玩玩具，一边吩咐奶奶：“奶奶，你帮我夹好菜，把饭吹凉吧。”奶奶照办后，他一看是自己不喜欢的菜，立即噘着小嘴作哭泣状说：“唉呀，全是我不喜欢的菜，这个、这个，我不要，你夹走。我要鸡腿。”可偏偏饭桌上没有鸡腿，奶奶回答：“晚上我给你做鸡腿，现在你先吃点饭，来，快吃。”图图会说：“那我先玩玩具，有鸡腿的时候我再吃。”每当图图几次挑战奶奶的耐性之后，奶奶就会送上一句：“你什么都不想自己做，等你去了幼儿园怎么办？这也不会，那也不会，在幼儿园里别人不会管你这么多，你不吃就饿肚子。”

诚然，孩子没有一定的自理能力是很麻烦的事情，可责任在谁呢？当家长眼看孩子要入园却不会自己吃饭、不会自己穿脱衣服、不会自己收拾自己的物品时，往往会忍不住发牢骚。当家长总是帮孩子做着一切事情，不让他们动手的同时，又一次次反复责骂孩子的时候，孩子慢慢就会觉得自己笨，对自己失去信心，同时他会讨厌幼儿园，觉得里面没有人帮他、照顾他，所以更加不想入园了。

同在我们一个社区的松松奶奶经常对我们提起她的孙子非常难带，妈妈、爷爷、奶奶、外婆四个人带他，每个人都累得够呛。松松4岁了，居然还没开始读幼儿园，奶奶说："没办法，松松死活不愿意去。"后来，图图与松松在一起玩，松松奶奶叫他回家去吃饭，松松理也不理，还在玩自己的。松松奶奶连续叫了好几次都没反应，于是开始抱怨地说："你再不听话，我们就把你送去幼儿园，让老师收拾你。"松松这才很不情愿地跟着奶奶回家吃饭去了。

花花是个很容易哭闹的女孩子，她想要什么，每次通过哭闹就能得到。久而久之她就养成了这样的不良习惯：如果家长抗拒一次或者说了她不喜欢听的话，她就大哭不止，这令全家人都很头疼。妈妈对她吼道："你去幼儿园后，哭也没用，没有人会理你的。"这话说出来，花花哭得更厉害了，一方面是觉得自己委屈，一方面是对幼儿园产生了恐惧。到了妈妈送她入园的时候，她当然更不愿意去，哭得像个泪人儿似的。几次都没能成功送她入园，家人为此头疼不已，殊不知这都是他们自己平时说话不注意造成的。

有时候一些作为过来人的家长看到孩子们无拘无束玩耍的时候，就会感慨：等你读书了，就没有现在这么自由自在了。说者无心，听者有意。孩子们听到家长这样说，就会对读书产生恐惧。他们认为幼儿园会限制他们的自由与快乐，所以不愿意入园。

另外还有一些如"等你上幼儿园了，你就知道爸妈对你有多好了！"

说得幼儿园好像地狱一般，踏进去就没好日子过了。“等你上幼儿园了，不能在里面哭哦，不然我们不去接你了。”这会让孩子更加害怕，害怕家长不去接他，于是索性抵制其进入幼儿园。这样的例子有很多。

总之，家长可以说幼儿园的阳光面，例如：“等你上幼儿园了，就能见到漂亮的老师了，他们会教会你许许多多的知识。”“等你上幼儿园了，你就能认识很多新朋友，大家可以一起玩耍，多有意思呀！”，等等，多用正面积极的话语去引导孩子，让他觉得上幼儿园是一件多么开心的事儿，这将会让孩子对入园充满期待。

入园初期，一定要按时接送孩子

规律可以给人很好的秩序感，可以让人心里有把握，有底气，从而不会那么紧张、焦虑。对于刚刚入园的孩子来说更是如此。

我是个喜欢按计划做事的人，时间观念比较强。静云入园后，每天早上上学出门时间是 7：40，晚上放学回家时间是：4：30，每天如此。刚开始几天，静云对我说：“妈妈，你能不能睡午觉的时候来接我？我们班上有两个同学吃完午饭，他妈妈就来把他们接回家了。”我耐心告诉她：“云云，幼儿园放学时间是 4：30，咱们不搞例外，按时上学、放学吧。”静云还是极力劝说我：“妈妈，如果你中午不能来接，你可以让奶奶来接，好不好？”我摇头表示不可以，她又退一步说：“妈妈，那你 3 点来接我吧，我们班好多小朋友的爸爸妈妈都是 3 点来接的。”我还是摇头，坚持让她按时放学，她见争取没用，就向奶奶撒娇，结果奶奶也坚持放学才接她。于是，这事儿就算告一段落了。

静云的同学小涵与我们同住一个小区，她与静云又是好朋友。她就有点意思了，爸爸送孩子上学，要睡到自然醒才送，迟到成了家常便饭，急急忙忙，催着孩子快点走，再快点走，弄得小涵紧张兮兮的。要么哪天醒得早，便送很早，幼儿园还没开门就到了，让孩子在外面等上半小时。晚上由妈妈下班接小涵，妈妈也是生意繁忙，时不时忘记了接孩子，弄到最后一个或者只有几个孩子在园了才来接回去，小涵开始还在幼儿园哭，后来觉得哭也没用，就不做声了。

在幼儿园过了 3 年这样没时间观念的日子，最近小涵与静云一起进入小学，问题就出现了，小涵做事完全没时间观念。几分钟的小学作业，坐在书桌前要两三个小时才能做完，有时候直到睡前也写不完，这可愁坏了小涵父母。然而，没有幼儿园种下的因，哪来今日的果呢？

家长都忙，工作压力、生活压力都大，有些家庭有爷爷奶奶帮忙，有些没有，不管是谁负责接送孩子入园，上学、放学最好都能够准时。如果不准时会有什么负面影响呢？我们来看看，也许以后我们就会变得重视起来了。

如果孩子早上经常迟到，大家可以想象就像小涵爸爸一样，必定是催着孩子干这干那，甚至连过马路都是急匆匆的，还容易出交通事故。我就在我们楼下见过有奶奶带着孙子急匆匆过马路被车撞了的例子，奶奶把孙子推开了，孩子没事，奶奶却当场死亡。这不仅是整个家庭的不幸，也将成为孩子一生的心理阴影。即使次次好运，没有出现意外，那孩子的内心也会因为家长的催促而变得紧张不安，上学就像赶场子一样，也会增加孩子的心理压力，导致不能很好地适应幼儿园的生活。

如果过早接孩子回家，就会助长孩子的坏习惯，今天家长 4：00 接孩子回家了，明天可能孩子会要求你 3：30 来接，后天孩子可能会要求你 3：00 来接，以后还可能会要求越来越早。这会让孩子感觉什么事都是可以讲条件的，以后家长养育孩子的过程就会成为一场无休止的争执，想想都累。

如果过晚接孩子回家，孩子内心也会失落，会觉得父母不像其他孩子的爸妈一样关心他，爱护他。除此之外，孩子很可能还要遭受来自幼儿园老师的压力。我和幼儿园老师的关系还不错，接静云的时候，静云要求在学校外面同其他小朋友玩一会儿，我就由她玩半小时。这时候老师也会同我聊起班上的其他同学。老师说："你看都到下班时间了，这几个孩子的家长还不来接孩子，每天都是这样，我们老师也是要下班回家的啊，真是无语。"后来，老师评价这些孩子的时候，我感觉也有些负面了，例如："这几个孩子，家长接得晚，还特别调皮，估计是家长受不了他们，想让他们在学校多待会儿。"想想看，老师这些话、这些评价如果让孩子听到了，对孩子幼小的心灵是怎样的打击？难道家长真的不关心自己的孩子了，真的要放弃他们了吗？

孩子就是我们生活的明天，现在把孩子放在首位，多花点儿精力让孩子养成好习惯、好性格，对以后的家庭教育也是投资啊。不管怎么样，既然我们决定把孩子送入园，家长就要安排好时间，准时接送孩子。让孩子从小有时间观念，也让孩子有安全感，知道什么时候应该做什么事，这样也能加强孩子对父母的信任，我觉得这也是为人父母最应该满足孩子的基本条件。

Kindergarten

第五章

了解幼儿园生活：幼儿园究竟学什么

让孩子健康茁壮成长，各方面能力逐步提升，知识有所延展，情感有所丰富，是幼儿园的责任，也是家长的责任，为了达到上述目标，真正实现家园共育，家长们和老师一样，任重道远。作为家长，我们首先需要知道幼儿园究竟学什么。

玩，是幼儿园最重要的一件事儿

我们有一个家长群，静云的班主任佘老师每天都会在群里分享孩子们的视频与照片。孩子们要么唱歌、跳舞，要么玩各种游戏，每天都过得很开心。小班、中班还好，到了大班的时候，很多家长看到孩子们天天在幼儿园玩儿，开始坐不住了。有位家长在群里提问："佘老师，别的幼儿园都教孩子们学了很多东西了，人家的孩子已经能认很多字，能背诵很多东西，甚至两位数的加减法都已经非常熟练了，而我们的孩子什么都不会，到了小学一年级，那不是会跟不上班吗？"还有的家长直言："就是啊，孩子们天天这么玩有什么用，我们花钱送孩子到幼儿园，总得学点东西吧？"甚至有位冲动的家长直接威胁幼儿园："老师对孩子一直相当负责任，我们还是很感谢的，但是如果幼儿园不能教孩子们知识，我们就要转园了！"最后，还真的有三位家长在最后一学期把孩子转到别的幼儿园去了。

有一次，与园长闲谈，刚好说到孩子在幼儿园到底要不要学知识的问题。园长告诉我教育局有明文规定：幼儿园阶段禁止以集中授课的方式实施汉语拼音以及汉字读写训练、数字书写运算训练、外语认读拼写训练。不过，现在有很多家长会把孩子送去各种幼小衔接机构，有些幼儿园为了防止生源流失也会偷偷教授小学知识。园长说为了保护孩子的学习兴趣，打好他们的人生基础，他还是坚持"咱们园的孩子以玩儿为主"。

对于家长们担心的问题，我当时也是持保守意见。不过后来，许多事实让我改变了想法。

1. 精心设计的游戏与活动，让孩子们在轻松愉悦的氛围中锻炼了思维能力、探索学习能力和动手操作能力

幼儿园没有知识讲授，但是会精心设计各种符合幼儿年龄与身心发育特点的游戏。如："网小鱼""你问我答""妈妈包饺子""吃葡萄""看谁挑得快""锁小手""一二三木头人"，捏橡皮泥亲子游戏，给雕像涂色活动，给养老院送爱心活动，等等。

孩子们通过玩游戏与参加活动，锻炼了表达能力、思维能力、动手操作能力和探索学习能力，等等，而这些都为将来学习知识打下了良好的基础。

2. 场景化的趣味运动，锻炼孩子的身体，培养孩子的集体意识

不论是户外还是室内，大型集体运动都是孩子们的最爱。静云学校外聘了四位体能老师，每隔一天就会给孩子们上一节体能课。这些体能课不是单纯的操场跑圈或跳绳，而是融入了孩子们喜欢的趣味运动。如："袋鼠接力""投篮高手""乌龟爬得快""跳圈圈"，等等。老师们会通过做一些有趣的场景安排来强化孩子们走、跑、跳、钻、攀、爬等基本动作，还会把运动器械进行有趣的组合，设定富有情景化的场景来培养孩子们的运动能力。

3. 幼儿园注重教孩子唱儿歌，这其实是在锻炼孩子的语言表达能力

很多幼儿园都注重教孩子们唱儿歌。这些儿歌都是以生活中的现象与事物为内容的，孩子们学起来容易理解，再加上儿歌的节奏、韵律感，孩子们学起来也会比较容易。一般在幼儿园学过的儿歌，孩子们回到家里也可以单独唱得很好，有些还会配上各种动作，特别有意思。

静云在学校学到的第一首儿歌是："爸爸妈妈去上班，我上幼儿园，我不哭，也不闹，叫声老师'早'！"唱了几天，她的入园焦虑没有了，并且还积极配合我们主动去幼儿园。有时候她还会引用儿歌里面的内容与我们交流，她告诉我们："爸爸妈妈，你们的工作是上班，我的工作就是上幼儿园。"

4. 幼儿园的搭积木游戏，可以培养孩子的空间想象能力

一般幼儿园都会为孩子们准备各种各样的积木，并且会不定时采购新款，然后由老师带领着孩子们共同搭建。积木可以拼出很多不同的造形，孩子们在动手搭建的过程中，能不断提升空间想象力，这对于他们以后学习知识也是相当有用的。

静云从幼儿园回来，一蹦一跳给我报喜道："妈妈，我们幼儿园又买了新的积木，五颜六色的雪花片，真是太好玩了，你也给我买一些回来吧，我想在家里玩。"我向来尊重孩子的兴趣，再说玩积木总比看电视更能培养孩子的能力，于是，我毫不犹豫给她选购了学校的同款积木。一个月后，静云又兴奋地对我说："妈妈，我们学校这次又有了一种磁力贴积木，两块积木可以互相吸引的哦，好有魔力啊！"又过了一个月，静云的新要求又来了："妈妈，你猜我们学校这次买的新积木是什么样子的？管道积木，可以拼好多图形呢！"

为了让孩子玩得尽兴，我们家也跟着幼儿园采购了不少积木，如：雪花片、磁力片、乐高积木、管道积木，还有各种拼机器人、拼房子的积木，还有可以拼各种图形的蘑菇钉、巴克球，等等。我们不仅支持孩子玩，还会跟孩子一起玩，陪着她拼出各种各样不同的造型。

对于幼儿园阶段的孩子们来说，一日生活皆教育。说白了，幼儿园 3 年就是孩子们打基础的阶段，只有把基础打得尽量宽广、坚实，孩子们日后的发展才会拥有更多选择，才能走得更远。

活动和游戏是主要的教育手段

许多家长越来越重视早期教育，却不懂得尊重孩子爱玩的天性，而是过早地带着孩子读书、写字、参加各种兴趣班，这种枯燥、机械的知识灌输让孩子从小就认为学知识与技能是一件枯燥、痛苦的事情，从而对学习产生厌倦与无力感。

其实，在孩子的早期教育里，活动和游戏才应该是主要的教育手段，日本学者井深大说："游戏是孩子的第二生命，是孩子的第一所学校。"在幼儿园里，老师们主要通过活动和游戏对孩子们进行有目的、有计划的教育。孩子本能地喜欢玩游戏，一个全神贯注于玩游戏的孩子，是自由的、快乐的、富有创造力的，在各种各样的游戏中，他们感受着自己的能力，验证着自己的生活经验，不断学习与发展着……

具体而言，活动与游戏对孩子的发展有哪些好处呢？

1. 形式多样的活动与游戏可以满足孩子的好奇心，激发他们的学习兴趣

我经常看到各大小区广场上一些幼儿园的老师为了招生举行活动，这些活动基本上都是一个老师带着一群孩子们做游戏。尽管形式简单，但不一会儿就会吸引很大一群孩子参与进来。

幼儿园的老师在开展教学活动时，往往也会根据孩子的发育特点，随时随地组织一个又一个孩子们喜爱的活动与游戏。如在音乐游戏《找个朋友》中，孩子们可以通过做游戏熟悉班上的新同学，交到自己的好朋友，减少对幼儿园的陌生感。在数学游戏《数客人》中，孩子们可以反复练习数数，慢慢学会区分数字与数量的不同。在语言游戏《见面歌》中，孩子们可以通过模仿不同动物见面时的不同叫声，进一步认识动物与动物之间的不同，同时积累词汇。游戏的内容要贴近孩子的年龄特点，老师还会根据实际情况适度调整难易程度，通过大量的活动与游戏，充分发掘幼儿的创造力和想象力，使他们在愉快的游戏中获得知识、锻炼技能。

2. 活动与游戏既能促进孩子语言能力的提升，还能培养孩子的社交能力

多种多样的活动与游戏可以让孩子在轻松、愉快的氛围中与老师、同学接触、交往，在同说同乐同笑中体验与人交往的快乐，懂得与人合作的重要性。

如，在游戏《谁躲起来了》中，老师会请两个孩子上前做自我介绍，介绍完，老师请所有孩子闭上眼睛，随后让其中一位同学藏起来，然后请大家睁开眼睛。老师问："是谁躲起来了？"孩子们要用"××躲起来了！"的句型回答。等小朋友熟悉游戏规则了，老师还可以同时安排几位小朋友躲起来，孩子们就要用"××、××还有××都躲起来了"的句型回答。

在游戏"我的飞机飞呀飞"或"我的火车开呀开"中，老师会安排一位同学做机长或司机，载着全班同学出发，当这位同学宣布飞机或火车出发了，其他同学就会问他要去哪里，他就回答去某一个城市。孩子们轮流做机长或司机，要去的城市不能重复，如果机长或司机想不出新的城市名称，还可以询问乘客的意见。

在游戏"请你猜猜我是谁"中，老师让所有孩子闭上眼睛，请一位同学到讲台上来，然后让这位同学大声问大家："请你猜猜我是谁？"同学们根据声音做出判断。如果游戏对孩子们有难度，老师还可以请另一位同学上来协助，让这位同学向大家提示一些讲台上同学的明显特征，方便猜测。

在游戏中，孩子与老师、孩子与孩子之间双向互动的交往、学习随处可见。

3. 活动与游戏可以帮助孩子认知事物，积累生活经验

许多幼儿园会让孩子们玩角色扮演的游戏，有些条件好的幼儿园还有不错的体验室，里面会有一些逼真的道具。如扮演医生，会有医生需要用的白大褂、听诊器、针筒、药丸，等等。一位同学可以假装自己是医生，另一位同学假装是护士，其他同学假装病人排队看医生。类似的角色扮演还有厨师、服务员与顾客，小卖铺店主与顾客，超市收银员与顾客，插花师与顾客，等等。

通过角色扮演的游戏，孩子们可以了解不同的人从事着不同的职业，每天的工作内容也不同，理解人与人之间的关系，学会礼貌待人，热情为人服务，等等。

4. 活动与游戏可以提升孩子发现与解决问题的能力

在幼儿园，大多数时间老师都会带着孩子们一起玩游戏，有的时候也会提供场景与玩具，鼓励孩子们自由活动。例如，有一次，我看到老师给孩子们分配积木后，让大家自由玩耍。在玩儿的过程中，有的小朋友不喜欢自己的积木，更喜欢同学的积木，偏偏同学不愿意给他，怎么办呢？两位小朋友争执起来，争来争去，其中一位小朋友提议：不如两个人合作一起搭积木，这样大家都可以玩儿了。很快，他们又开心地玩起来了。

还有一次，孩子们自由活动期间，有一位小朋友拿着一个袋子做袋鼠跳，另一位小朋友跑过去也要玩儿，两人很快争抢起来，互不相让，怎么办呢？抢了一会儿之后，他们两人商量，不如轮流跳，一个人跳，一个人负责数数到 20，然后再换对方跳，另一人数数。

可以看出，通过活动与游戏，孩子们自主解决问题的能力提高了，他们在游戏中快乐玩耍、用心学习、努力探索与健康成长。

幼儿园教育的五大领域

孩子入园后，幼儿园一般会发放有关这些方面的新书：健康、语言、社会、科学、艺术，这正是幼儿园教育的五大领域。当家长翻看这些书的时候，不难发现，这五个领域的内容是相互渗透的，力图从不同的角度促进儿童情感、态度、能力、知识、技能等方面的发展。

下面我们来具体了解一下幼儿园教育的五大领域分别有什么目标与作用吧！

1. 健康

健康课是一门培养孩子良好生活习惯、引导孩子参加体育运动以及讲述安全常识的课程。静云的健康课程，书名叫《生活与健康》。

健康课非常实用，也非常受孩子们欢迎。通过各种体育活动培养幼儿参加运动的兴趣和习惯，不仅可以增强孩子的体质，还能提高他们对环境的适应能力。对幼儿安全常识以及卫生习惯的培训与培养更是涉及孩子生活的每时每刻。

孩子在幼儿园学到了什么，一般回到家里都会对家长说，而家长需要做的就是配合老师强化孩子的良好卫生习惯与安全意识。老师教孩子们自己的事情自己做，饭前便后要洗手，过马路要看红绿灯，等等，父母也要要求孩子们在家庭生活中坚持这样做，以内化成良好习惯与自主行为。

2. 语言

《语言》这本书，内容其实很简单，都是一些浅显易懂的儿歌、小故事、小对话、唐诗等，其特点是贴近生活、生动有趣、读起来朗朗上口，孩子们容易理解。

在课堂上，老师会为孩子们提供普通话的语言环境，给孩子们营造一个宽松、自由的语言交流氛围，领着孩子们读，鼓励孩子们大胆说出自己的感受，与老师或同学交流、讨论，体验语言的乐趣。

孩子们语言课的学习效果是显而易见的。静云、静云的堂哥、静云的表弟平时在家里都是说家乡话，自从进入幼儿园，他们最明显的进步是表达能力一天比一天提升了，普通话越来越标准了，还变得越来越有礼貌了。

老师在课堂上利用书本领读、对话练习、做游戏等形式用心培养孩子对社交、表达与阅读的兴趣，那么家长可以为孩子们做些什么呢？这个时期，如果家长能多为孩子创造认识新朋友、与人交流的语言体验环境，多陪孩子亲子阅读，那么孩子的语言能力一定会获得可喜的提升与突破。

3. 社会

社会课是一门培养孩子生活常识的课程，书本的知识性、趣味性强，但覆盖面并不那么广。老师会通过引导幼儿参加各种集体活动，并且提供自由活动的时间，来提高幼儿适应社会的能力。如，母亲节快到了，静云的老师领着孩子们去超市自主选择小礼品，送给妈妈；孩子们自己做手工，然后在老师带领下去看望敬老院的老人们；等等。

社会课是一门非常实用的课程，幼儿通过参加各种集体活动，体验与老师、同学交往的乐趣，正确认识自己和他人，养成对他人、社会亲近、合作的态度，学习初步的人际交往技能。幼儿园通过与家庭、社区合作，引导幼儿了解自己的亲人以及与自己生活有关的各行各业人们的劳动，培养其对劳动者的热爱和对劳动成果的尊重。

考虑到各种安全因素，老师带孩子体验的社会活动是有限的，家长完全可以给孩子拓展延伸一些活动。例如：去超市购物、去邮局寄东西、去银行办理业务、到公园做义工捡垃圾、去图书馆做义务管理员等。让孩子们多多了解我们的生活是如何运作的，我们在做什么事情时要接触什么人，在做这些事情的时候要注意些什么事项，等等，这些都是对孩子社会知识的丰富，对孩子社会生存能力的提升。

4. 科学

翻开《科学》这本书，我们会看到各种各样有趣的科学知识与游戏，有些是我们知道的，有些连我们都不知道答案。这门课程旨在鼓励孩子们多发现问题，多提问题，多探索，多动手解决问题。

科学课上，老师会为孩子们提供许多可操作的材料，让孩子们动手做实验，大胆尝试与提问，去探索与发现事物的规律。事后，老师还会组织孩子们积极讨论与分享自己的探索过程与成果。

培养孩子的科学精神，最好的方法就是家长多领孩子们走进大自然。大自然有无穷无尽的素材可供孩子们发现、观察、研究，可以满足他们无穷无尽的好奇心与求知欲。当孩子们对周围环境中的数、量、形、时间和空间等现象产生兴趣时，家长还可以鼓励孩子学习用简单的数学方法解决生活和游戏中某些简单的问题。当孩子们遇到问题时，要鼓励他们大胆说出来，尊重别人的经验与意见，也敢于发表自己的不同看法。一个人在幼儿期形成的对周围世界的探究兴趣及解决问题的能力会使他们终生受益。

5. 艺术

静云的艺术课程，书名叫《艺术追求》，书中的内容主要以绘画与音乐为主。小、中、大班，难度依次递增。

艺术课的开展形式多种多样，有大合唱，有舞蹈表演，有废旧材料做玩具，有画画加手工，等等，很多时候学校还会邀请家长参与进来，与孩子一起完成各种主题的手工作品。这门课程主要是引导孩子们去感受生活与艺术中的美，根据自己的想法与创造，大胆表达自己的情感、理解和想象。

家长们需要做的是，根据幼儿的兴趣，及时发现他们的特长，并且创造条件更好地挖掘其艺术潜能。静云堂哥图图在学校画的第一幅画是一只猫头鹰，当我看到他画的猫头鹰爪子惟妙惟肖时，我很是吃惊，当即征求了图图的意见，给他报了绘画兴趣班。图图进步很快，在老师的安排下多次参加全国少年儿童绘画比赛，并曾获得过一等奖。静云也许是受哥哥影响，也开始画画，虽然她画得并不是太好，但有着莫大的兴趣，我们也鼓励她继续画，几年过去了，她一直坚持这项兴趣爱好，并且较之前进步也是非常明显的。

学龄前，比识字、算术更重要的事

前不久，我看到一条新闻，小学入学时，有的孩子已经能认识 500 多个汉字了，有的孩子却连拼音都不会，差距这么大，老师怎么教的？配图是几个孩子上学时的照片，有个孩子打扮得漂亮整齐，正在认真自主阅读，估计是识字 500 多个的孩子吧，旁边两个孩子在认真看讲台，估计在等老师指令。

我女儿静云就是属于连拼音都没学会的孩子之一，我却从来没有担心过。静云在小学新认识的好朋友的妈妈愁眉苦脸地对我说："我们家孩子的数学还好，拼音是完全不会呀！怎么办？"看她那么担心，我安慰她："不要急，孩子都能学会的，只是前期比其他孩子慢一点儿。"可是她因为太焦虑，根本听不进去。

有一次，静云邀请她的好朋友在我们家一起写作业，我发现静云的语文书还是崭新的，而她好朋友的语文书却有好几处地方破损了。我拿出透明胶一边给她修补，一边对她说："好学生要爱惜书本哦！"她嘟着嘴对我说："这都是我妈妈撕烂的，她每天都逼着我学拼音，只要不够熟练就骂我、打我，还撕我的书。阿姨，你看，这儿缺少的半页就是我妈妈生气了，撕下来揉成团扔掉了。我现在好怕我妈妈，我复习拼音的时候，她只要在我身后说一个字，我就会被吓哭。"

好几次，静云都与她的好朋友一起写作业，我发现那孩子虽然同静云一样没学过拼音，可是她进步速度还是蛮快的，她和静云互相点读、抽背，玩得不亦乐乎。语文老师在群里表扬班上五位拼音作业写得好的学生，她们两个都在其中。孩子的妈妈非常高兴，对我说："真没想到，她同静云一起玩之后，拼音进步好快啊！你是怎么辅导的？"我笑了笑说："我没有辅导哦，都是她们自己的功劳。相信孩子吧，不要急，她自己可以学好的！"

在我看来，家长即使早早逼着孩子提前识拼音、学算术，相对于孩子以后 20 年的学习来说，也是微不足道，起不到决定性作用的。不如在幼儿园这 3 年里，用心帮助孩子做好以下这些基础功课，其他的事情就交给孩子自己来做吧。

1. 培养孩子良好的学习习惯，习惯好了，一切都将水到渠成

首先，正确握笔，端正坐姿非常重要。

孩子到了中班或大班的时候，幼儿园会有一些握笔姿势的训练，家长在家里留意下孩子的姿势是否正确，如果不正确要赶紧纠正。

握笔姿势还算容易教，最麻烦的是坐姿训练。端正的坐姿对于自由惯了的孩子来说是非常难的。幼儿园老师需要管教的孩子较多，不可能对每个孩子都训练到位，家长在家里可以检查孩子是否坐姿端正，也可以配合老师进一步强化孩子上课要坐端正的意识。

我们可以给孩子唱儿歌，如《坐姿儿歌》：头摆正，肩摆平，脊柱直，胸前挺。大腿对称要放松，小腿竖直放平行。双脚向前摆得正，双臂用力要均衡。读书写字都坐好，天天是个好学生。

我们还可以通过玩游戏的方式来训练孩子的正确坐姿，给孩子准备一套适合他身高的书桌与凳子。每天陪孩子读书或复习课本前，通过游戏检查一下孩子的坐姿。家长问："身体坐直了吗？"孩子回应："我的身体坐直了！"家长问："眼睛在看了吗？"孩子回应："我的眼睛在看了！"家长问："耳朵在听了吗？"孩子回应："我的耳朵在听了！"家长问："嘴巴不说话了吗？"孩子回应："我的嘴巴不说话了！"家长问："脑袋在思考了吗？"孩子回应："我的脑袋在思考了！"如果家长陪孩子学习的过程中，孩子走神了，家长可以继续提问："眼睛在看了吗？"孩子要回应："我的眼睛在看了！"这样的游戏，在训练孩子坐姿的同时，还训练了孩子的专注力与自控力。

其次，识字多少不必太在意，保护孩子的兴趣，让孩子养成认真、耐心阅读的习惯才是最重要的。

阅读是最基本的语文能力，父母一定要重视。我陪静云读了很多书，涉猎很多方面。不少家长关切地问："静云一定认识很多字吧？"我回答："她认识的字很少哦！"于是，她们礼貌地不吭声了，只有婆婆对我直言："你每天给云云读书，读了那么多，到底有什么用呢？她还是认不了多少字。"如果想要孩子识字还不容易吗？他们记忆力那么强，只要每次读书时点读就可以做到了。可我并不想这么做，我觉得保持孩子的阅读兴趣与想象力远比识字更重要。我和静云亲子阅读的步骤是，先一起看图，接下来我读文字，她欣赏图片，读完后，我们互相提一两个问题。我发现，用这种方式，孩子可以保持认真阅读不分神，这是枯燥的点读方式无法做到的。

阅读这么多书籍到底有什么效果呢？静云画画时想象力越来越丰富，老师一次次夸奖她，我认为那些漂亮的绘本是有功劳的。静云小学一年级写日记时，完全不用我指导，她可以一口气写完半页纸，还能配上一幅与日记内容相关的漂亮图画，就像绘本一样。这是不是我们的阅读方式产生的效果呢？对于拼音，老师教过之后，她很多时候都在自言自语地唠叨，说是自己给自己出题拼拼音。在接送她上下学的路上，她也不断让我出题，她来拼拼音，两个月左右的时间，所有拼音她都熟练掌握了，至少我出题难不倒她了。至于识字，我确实没有刻意教过，她拿起语文书每篇课文都可以自主阅读、读几遍就可以背诵下来，我从图书馆借来的儿歌书，她每天阅读其中五首，完全不需要我陪读。这算不算有效果呢？

2. 学会对自己负责，自己的事情自己做

我见到不少父母一边喊累，一边坚持叫孩子起床，帮孩子背书包，替孩子检查作业，指出错题，帮助纠正，等等。我们有的家长总是搞不清界限，帮孩子处理过多的事情，甚至让孩子觉得读书是为父母读的，表现好还会对父母提出这样、那样的要求，这样的做法不利于培养孩子对自己负责的能力。

从静云上学开始，我就时不时提醒她："读书是你的事情，做得好不好是你的事，需要帮助要说'请'。"早上听到闹钟响，她再不愿意也会起床穿衣，洗漱，吃完早餐，背上书包去学校。晚上回到家里，也是先做完作业再玩耍。从幼儿园到小学，一直这么做，习惯非常好。

一个对自己负责、对自己行为负责的孩子，才能对学习产生自发性。因为他明白，学习是自己的事，不是父母的事，也不是老师的事。

3. 懂礼貌，学会尊重人

孩子在家里任性、不讲理、不尊重人，父母与长辈能包容、理解他，可是孩子是社会的人，终将自己面对这个社会。

因此，家长要教孩子学会使用"你好""请""谢谢""对不起"等礼貌用语；在公共场合，如图书馆、餐厅、阅览室等，不能大声喧哗；玩玩具、上洗手间等，要懂得排队等候这些基础的社交礼仪，这样孩子才能更好地融入社会。

总之，我们对孩子的教育的目的是让孩子成为一个独立、有担当的人，而成绩只是其中很小的一部分。当孩子变得独立又有担当时，取得好成绩也就成为自然而然的事情了。

有益幼儿的集体活动与集体小游戏

我觉得有些家长的做法不太妥当——当幼儿园举办集体活动时，他们总是让孩子缺席，理由是：集体活动容易出安全问题，或者认为有那么多孩子参加，少一个不少，多一个不多。

静云幼儿园经常会有集体活动，每次我都会鼓励她参加，需要家长参与时，我也会积极配合。我发现，刚开始的时候，例如，小班、中班时，参加集体活动与集体游戏的孩子还是很多的，只有几个孩子缺席。到了读大班时，缺席的孩子就多了，人数最少的一次，班上居然只有10人参加活动。当这10个孩子欢快地打水仗、大声欢呼时，那些缺席的孩子正被家长领着读幼小衔接班学知识去了。甚至有的家长还满腔愤怒地指责幼儿园“不务正业”，不教孩子知识，只会带着孩子天天玩。

集体活动与集体小游戏对孩子的成长其实是非常重要的，孩子是社会人，需要同其他孩子在一起玩耍、成长。家长在家庭教育中，一定要配合幼儿园，鼓励孩子多参加集体活动与游戏。

具体而言，家长可以参考以下几点方法：

1. 鼓励孩子了解集体、融入集体

当幼儿园举办集体活动时，如节日游园、郊游踏青、参观游览、亲子运动会、演出比赛等，家长应该鼓励孩子尽可能参加，有意识地培养孩子的集体意识，增进孩子对集体活动的认识与了解，提高孩子参与的热情和积极性。

静云幼儿园第一次组织大型户外活动，是去百果园采摘，并且只准孩子参加，家长不能跟去。静云奶奶坚决反对，理由是两个老师照看不了这么多孩子，孩子到了户外，四处乱跑，到时候走丢了或者出现意外就麻烦了。要说我不担心是假的。但是我想幼儿园不让家长参加，肯定是有道理的，而且锻炼孩子的独立性，对孩子的成长也是十分必要的。于是我在家里给静云提了一些要求，让她按老师的要求做，不要脱离队伍单独行动，还告诉她万一走丢了如何处理等，并在她的口袋里放了全家人的联系电话。

结果，静云一整天都玩得特别兴奋，回到家还向我们讲述他们看到的有意思的东西，他们摘桔子时发生的事情，他们做了些什么好玩的游戏，等等。最后，她总结道："妈妈，我觉得家长不去，我们玩得更开心，我们会照顾好自己的。真希望再来一次！"

2. 鼓励孩子在集体中发挥主动性

静云的自理能力很好，我们出游的机会多，每次出游她都会为自己准备好各种装备，如：水壶、纸巾、创可贴、小零食、垃圾袋。在她要参加集体活动时，我会对她说："云云，你有些同学可能还不太会照顾自己，遇到他们需要帮忙的时候，你要主动帮助哦。你们是一个集体啊，大家要互相帮助的。"结果，静云回来告诉我："妈妈，我们班的同学真有意思，只有两个同学带了纸巾，其他同学都没带，都用我的，我那么大一包纸巾都被他们用光了。"我鼓励她："嗯。看来你对同学真不错哦，你给他们纸巾，然后提醒他们下次自己带纸巾了没有？"静云摇摇头说："我忘记说了，明天再好好同他们说一下。”过了一会儿，静云又对我说：“妈妈，我还分享了零食给同学吃。还有，他们吃完零食随手乱扔垃圾，我带了垃圾袋，我就让大家把垃圾放在我的垃圾袋里了。现在垃圾袋还在我书包里呢，因为我实在找不到垃圾桶，就背回家了。”我被她逗乐了，果然从她的书包里取出一大包垃圾。

孩子参加集体活动时，家长要提醒孩子自己做好各项准备，包括物质准备与心理准备。如果孩子在这些方面还有所欠缺，可以让孩子多在家里练习，并且要多鼓励孩子服务大家、服务集体，大家互相帮忙。

3. 家长要多培养孩子的合作能力，鼓励他在集体活动与游戏中建立友情

孩子都有不服输的精神，可是参加比赛如果只能赢、不能输，输了就大吵大闹，甚至对同学动手，那就不好了。家长要告诉孩子，玩游戏胜败都是正常的，这次输了，争取下次赢回来就行了。

在活动与游戏中，家长还可以鼓励孩子自己找朋友，从跟他喜欢的伙伴共同参与逐步过渡到大家共同活动，用同伴的热情与积极性感染孩子，影响孩子，带动孩子。

家长还可以给孩子在小区组织一些集体活动与游戏，多玩一些合作类的游戏，比如“两人三足”赛跑，需要大家齐心协力才能跑得快。接力赛、拔河比赛等，需要大家高度配合，每个人都尽最大努力才有可能赢。通过这样的活动让孩子知道，既然身在集体，就要为集体出一份力，做一份贡献。

4. 及时肯定与表扬孩子在集体活动与游戏中的良好行为，发挥荣誉的激励作用

孩子在集体活动中如果表现出色或者有了一定的进步，家长一定要及时给予表扬与肯定。如静云在活动中经常帮助他人，我会鼓励她说：“云云，你们组有你这样的好队友真幸福呀！”当她对我说：“我们组的 ×× 太厉害了。”我也会大声表扬说：“哇！原来你们组还有这么厉害的角色呀，难怪你们赢了比赛。”有时候静云会指责某位小朋友连累了大家，我也会安抚她说：“云云，他肯定也不想这样的，他也想为集体出力啊，你要鼓励他下次努力，好不好？”

家长用心鼓励孩子的语言，就是孩子积极参加集体活动与游戏的无形动力。所以，我们不要放掉任何一个表扬、鼓励的机会。

总之，集体活动与游戏有益于孩子身心健康的全面发展，孩子能在集体活动中丰富情感，增长知识，提高技能，等等，集体活动将为孩子走向社会打下良好的基础。所以，家长一定要鼓励孩子多参加幼儿园各种各样有益的集体活动，让孩子在集体中健康、快乐成长。

给孩子补充自带营养的课外活动

我周围很多亲戚、朋友、同事、同学的孩子都在读幼儿园，虽然孩子年龄不大，压力却是蛮大的。每天从幼儿园回来就像赶场子一样，奔赴不同的培训机构去学习一到两个兴趣班，如舞蹈、画画、主持、书法、钢琴、小提琴、吉他、跆拳道、足球、篮球、乒乓球、羽毛球等等。

我也给静云报了一个兴趣班，那就是她超级热爱的绘画班，我不要求她考级，也不要求她参加比赛，只要她画得高兴就行了。有个妈妈对我说：“你傻呀，肯定得考个级啊，不然花那么多钱读兴趣班是为了什么呀，还不是为了孩子的履历可以更漂亮一些，翻开一看，全是各种证书，多才多艺，将来留学、升学都是非常有用的。”

不论别人说什么，我始终坚持初心，我觉得孩子可以读兴趣班，但一定要读得有兴趣，读得高兴，没必要非得考级。其实，除了培训班，家长还可以给孩子安排各种自带营养的课外活动。内容丰富的课外活动，不仅让孩子玩得开心，还开阔了眼界，丰富了内涵，积累了知识，提升了动脑、动手能力，益处多多。

1. 多带孩子去参观博物馆，激发孩子的学习思维与探索热情

周末或寒暑假，我与静云必去的地方就是长沙各地的博物馆，如：湖南省博物馆、长沙市博物馆、简牍博物馆、地质博物馆、科技馆等等。我觉得博物馆除了可以学知识，最重要的是可以让孩子带着好奇心观察与探索，激发孩子对科学的灵感与兴趣。很多“科学家梦想”就源自博物馆。很多设计得好的博物馆，为了激发孩子的兴趣，专门设计了很多方便孩子体验的环节，方便他们理解。静云喜欢运动，我鼓励她去踩自行车，同时观察科技馆里同步运动的骨骼模型每块骨头是如何动的，静云看后表示不可思议。她还体验了模拟太空失重的感觉，正确拼凑了人类口腔中的每一颗牙齿，等等。每一次体验都让她兴奋不已，问题不断。有些问题我知道答案，当场就告诉她了，还有很多问题，我只能告诉她：“很抱歉，妈妈也不知道，不过，我们以后可以去图书馆找找看，也许能从书本中找到答案。”静云问我：“图书馆能解决一切问题吗？”我回答她：“大部分问题都可以解决，也有一些是不能解决的，并且图书馆的答案也未必全都正确，人类不断探索，慢慢总会知道真正的答案。”静云很高兴地说：“我将来要做一名科学家，去解决好多人类回答不出来的问题。”我乐了，摸摸她的头说：“嗯，很有志气。那你加油学习，妈妈相信你！”

2. 多陪孩子去儿童图书馆，让孩子感受学习氛围，爱上阅读

静云堂哥图图 3 岁多到我们家，他在长沙读幼儿园，课后非常不喜欢阅读，而我是个爱读书的人，我一只手牵着图图，一只手抱着几个月大的静云——我们是湖南图书馆的常客。

图图刚开始是不买账的，刚进图书馆就对我说：“伯母，这儿一点儿也不好玩，我们回家好不好？”我鼓励他说：“你不用读书，只需要在图书馆看别的小朋友正在读什么书，然后同我说说就可以了。我们出去的时候，奖励你一个自动贩卖机上的小零食，怎么样？”图图特别爱吃零食，开心地同意了。他很快被一个小男孩的漫画书吸引了，站在背后认真看起来，还时不时点一点书上的图案与小男孩交流一下。

我每次都使用同样的方式鼓励图图留在图书馆里，他由第一次的抵触到慢慢接受，再到后来非常渴望去图书馆了。每到周末，他就高兴地期待我能陪他去图书馆读书，也没有再要求我买零食作为奖励了。图图从此爱上了阅读。而静云，她几乎从小就喜欢读书，估计也是被图书馆的氛围感染的吧。

后来，只要有家长问我如何让孩子爱上阅读，我就会建议他们，多陪孩子去图书馆。

3. 走进大自然，能让孩子更好地成长

三毛曾经说过一句这样的话：“城里长大的孩子，最大的悲哀在我看来，是已经失去了大自然赋给人的灵性。”古人也常说：“读万卷书，不如行万里路。”可见，陪孩子走进大自然可以说是最直接有效的教育方法之一。

陪孩子走进大自然，我做得还算比较不错的。节假日或寒暑假，只要天气允许，我都会陪静云走进大自然，进行各种活动。她喜欢采摘不同季节的瓜果，如：香瓜、西瓜、桃子、桔子、猕猴桃、草莓等等；她喜欢捞小鱼、小虾、蝌蚪，捡田螺、河蚌，捉龙虾、螃蟹等等；她喜欢在草地上滑草、做游戏、野餐、疯跑等等；她还喜欢采摘不同树木的树叶、各种叫不出名字的野花回来观察颜色、形状，并把它们拼凑在一起，再加上自己的想象变成孔雀、小熊、舞者、海底世界等等。她最喜欢的要属探险与挖掘野菜、野果，去岳麓山上捡酸枣回来做酸枣酱，到麋鹿峰摘蕨菜，去桃花岭拔笋，到湘江边采野芹菜，等等。

大自然有各种各样的花草树木与飞虫鸟兽，还有四季变化的景致，丰富的水果、蔬菜、谷物，这些除了可以培养孩子的观察能力，还能激发孩子无限的探索欲望与丰富的想象力。孩子在发现、观察、提问中锻炼了大脑，获得了知识，也变得越来越聪明。

大自然还是孩子天然的运动场所，释放情绪的最佳场地。孩子天生爱运动，他们坐不住，在大自然中疯玩疯跑不仅锻炼了身体，还释放了压力。有教育专家指出小时候多在大自然中体验疲累感，可以强化孩子对生命的感悟，让孩子变得更坚韧、更有毅力。

虽然这些课外活动不像直接读培训班那样可以短时间内见到效果，但是孩子通过各种体验与实践，亲眼看见的东西多了，亲自接触的东西多了，亲身经历的事儿多了，在学习的过程中往往可以学得更深刻、更专注，并且能够发挥出更大的潜能。

Kindergarten

第六章

引导孩子学会与小朋友沟通，发展社会能力

社会能力是一种多种能力结合的综合能力，包括与人相处的能力、表达能力、情绪管理能力、观察能力以及生活技能，等等。研究表明，社会能力会直接影响孩子在学校的表现，和同学相处得好的孩子，会更喜欢学校和老师，不容易逃课，在学业成绩上表现更好。

教孩子一些社交技巧与礼仪，帮孩子打造“朋友圈”

每天从幼儿园放学回家的路上，我和静云都要经过“又一城”，那儿有个孩子乐园，有大型滑梯、秋千、旋转小木马等等，静云特别喜欢在那里荡秋千，每天都要进去玩一会儿才回家。

那天我们去“又一城”孩子乐园玩耍的时候，小朋友特别多，两个秋千架上都有小朋友在玩。怎么办呢？静云只好乖乖站在边上排队等候，大约等了5分钟左右，正当我们要走的时候，秋千架上一个小朋友跳了下来，走开了。静云见状马上坐上了秋千架。可是那位走开的小朋友又跑回来了，还嚷着对静云说：“这是我先坐的，我只是去妈妈那儿喝口水。”静云有些无奈，只得从秋千架上下来，然后拉着秋千对小朋友说：“小姐姐，你荡秋千的时候我帮你推，你荡30下，然后轮到我也荡30下，好不好？”那位小朋友马上点头答应了。于是静云开始推秋千架，玩了十多分钟，她们两个已经成了好朋友，互相报了姓名，还相约以后放学再一起玩。后来，我们果然好几次在那儿碰到了那位小姐姐，静云每次都同她玩得很开心。

静云是见人熟，走到哪儿都能融入。我们家长替她做的就是创造机会，让她多与小朋友们接触，然后在她与人交往的过程中适当教她一些社交技巧与礼仪，慢慢孩子运用得多了，就能根据实际情况，灵活应变，很快赢得陌生小伙伴的好感，与对方成为好朋友。

这里有几点社交技巧，家长们不妨参考一下：

1. 家长要教给孩子的是体谅他人，讲礼貌

我与静云爸爸一直把静云当朋友对待，礼貌用语常挂嘴边，有什么事儿，只要是关于她的，就必定征求她的意见。她有什么话想对我们说，我们也是认真倾听。她表现好，我们赞美她；她表现不好，我们批评她。我们有事不能被打扰的时候，也会告诉她原因，让她尊重我们，而她也很乐意配合，因为我们先尊重了她。静云从小就表现得善解人意，不论谁惹她不高兴了，只要诚恳道歉，承认自己的错误，哪怕她眼角还挂着眼泪，都会原谅对方。如果她看到家里谁身体不舒服，总是会递上一杯水，有时还会替我们盛饭，给我们捶背，倒水洗脸，等等，让我们非常感动。

在外面与小朋友相处时，静云也把在家里这种设身处地为人着想、讲礼貌的习惯带了出去。哥哥、姐姐、弟弟、妹妹叫个不停，遇上小朋友有困难，只要能帮忙的，她必定第一个站出来帮助。有一次，一位小弟弟在水池边玩耍时，鞋子掉进了水里，小弟弟哭得像个泪人似的，其他小朋友全都束手无策，静云安慰了小朋友几句，然后飞快地跑回家拿了她捕捉蝴蝶的小网兜替小朋友把鞋子捞了上来。那个小朋友后来也成了她的好朋友，见到静云就会甜甜地叫“云云姐姐、云云姐姐”。

我也见过一些被家长宠坏的小朋友，一切以自我为中心。他要玩的玩具，别人不能碰。他想与哪个小朋友玩，便不准那个小朋友回家。静云有一次与一个新朋友玩得开心，到了要回家的时间，那位小伙伴死死拉着她的手，不让她走，还一个劲儿哭泣。静云只好安慰她，又陪她玩了一会儿，可是小伙伴还是不准静云回家，折腾到晚上 10 点多，我们才算可以回家了。从那以后，静云就不再愿意与那位小朋友玩了，她告诉我：“我怕下次又不让我回家，这样我都不能回家读绘本了，也不能早睡了。”所以说，不为别人着想，以自我为中心，小朋友是很难交到朋友的，这也是交往中的大忌。

2. 家长要教孩子宽容、大度，不要斤斤计较

孩子玩游戏的时候，肢体接触很多，不小心被碰到、打到的情况也很多。孩子说话的时候也常常是口无遮拦，用词不当，但一般是说过即忘，并不会放在心上。有一次，静云对我说："妈妈，那个小男孩儿居然叫我'黑白菜'，他太没礼貌了，我不想跟他玩了。"静云皮肤有点儿黑，因此她很讨厌别人说她黑，我知道这种外号的确伤到她了，就赶紧安慰她："云云，我相信那个小男孩儿并没有恶意，他只是说着玩儿呢，你可以装作听不见，他要继续说，你可以告诉他要讲礼貌。"后来，那个小男孩子叫一声"黑白菜"，静云就回应一声"要讲礼貌"，几个回合下来，小男孩觉得没意思，又开始叫她"云云"了。大家还是经常在一起玩耍。

3. 家长要教孩子发现并真诚赞美别人的优点

我们要教孩子多发现并欣赏其他小朋友的优点，并且真诚地给予赞美，这样不仅能使孩子更容易博得他人的好感，而且当孩子的眼睛聚焦于他人的优点时，也会见贤思齐，越来越有长进。

静云上幼儿园不久，有一次她回家告诉我："妈妈，我们班上的 ×× 是个笨蛋。全班都会背的儿歌，那么简单，他就是学不会。"我赶紧纠正她说："云云，每个人都有优点与缺点，我们不能抓住一个点去说人家坏话哦，这样很不公平，也非常让人讨厌。要是别人说你笨蛋，你也会讨厌他的，对不对？"静云点点头说："妈妈，我知道了，我以后再也不说了。"没过几天，静云又对我说："妈妈，我们班的 ×× 上课尿裤子了，真是太搞笑了，全班同学都笑他。"我并没有跟着静云笑，而是教育她："云云，你同学尿裤子可能是没有在家训练好，他心里够难受了，你不要嘲笑他，好不好？"后来，我发现好多次，静云从班里带回来的消息都是一些说别人缺点、问题的，我认为应该好好调整一下她的注意方向了，于是找了一个机会，我认真地对静云说："云云，妈妈以后想多听听你们班哪些孩子表现优秀，比如谁上课最认真，谁记的儿歌最多，谁得到老师的表扬最多，等等。”从那以后，静云的关注点改变了，她交的朋友也变成了认字最多的黄玉，擅长画画的黄诗婷，等等，她向我承诺，自己也会努力向她们学习。

4. 家长要教孩子向朋友展露真实的自己

孩子都希望在别人面前表现自己优秀的一面，对于自己不擅长的，对于自己的缺点与不足很可能会掩饰、撒谎。孩子养成这样的习惯，以后不仅会丢掉真正的朋友，对自身的成长也很不利。家长要告诉孩子每个人都有自己的长处，也有短处，对于自己的好朋友，我们要坦诚相待，向朋友展露真实的自己。

一群孩子在一起聊溜冰的事，静云坦诚地告诉他们自己不会，但是很想学。结果那群朋友并没有嘲笑她，而是鼓励她赶紧学，并且争先恐后教她一些溜冰的技巧。在静云学习溜冰的时候，经常会有小朋友主动拉着她一起学习溜冰，几天时间，小家伙儿就通过朋友的帮助顺利学会了溜冰。反之，如果一直掩饰，静云可能很难学会溜冰。

家长用心教孩子这些交往技巧，孩子就能更快地融入陌生小朋友圈中，也能更融洽地与他们相处，从而获得更多的好朋友。

学会分享，为孩子带来更多的朋友流量

静云到哪儿都受人欢迎，朋友成群，懂得与人分享可以说是她获得朋友的绝杀武器。一个可爱的小女孩主动与你分享玩具、分享零食，又有谁会拒绝同她玩，同她说话，成为她的好朋友呢？

静云4岁时，我们搬了一次家，换了小区、幼儿园，可以说，除了家人是熟悉的，其他一切都是陌生的。对我们成人来说新环境很快就习惯了，没有朋友在身边也无所谓，可是对静云来说，好朋友、同学都不在的陌生感却是强烈的。

周末，奶奶陪静云在小区楼下玩，她总会随身带上一些小零食，我以为她爱吃，吃完又买了一些。后来，我觉得她似乎零食吃得有点多，就对她说："云云，饼干与糖果一个星期吃一回就行了，不能当饭吃哦！"她一边拿零食一边对我说："不是我爱吃，是我的新朋友爱吃啊。"我一听，原来这小家伙又交了新朋友，于是立即闭嘴了。

才几天时间，我到楼下找静云时，发现她正在同一群大大小小的小朋友玩游戏。她见到我兴奋地说："妈妈，这些都是我新交的朋友。"我问她："你知道他们的名字吗？"她摇摇头。后来，她主动询问那些孩子的名字，并且牢牢记了下来，孩子们也记住了她，见面就大声喊"云云"。

有一次，我同静云去超市买东西，在电梯里碰到一位奶奶，静云赶紧说："奶奶好！"我以为这只是她对陌生人的礼貌问候，没想到那位老人家笑眯眯地说："云云好，这是你妈妈吧？"我惊讶地望着老人点头笑了笑。那位老人笑着说："你们家孩子教得真好，上次她还请我孙子吃草莓呢。"原来如此呀！

我们去超市的路上，迎面走来一位推着小宝宝的年轻妈妈，静云还没出声，那位女士便开始打招呼说："静云，你好呀！你这是要去哪里玩儿？"静云马上回应："阿姨好，我同妈妈去超市。"那位年轻妈妈走远后，我蹲下来问静云："云云，那位阿姨是谁呀？"静云笑着说："妈妈，她是我们小区的阿姨啊，住在一单元，我给过她宝宝一盒牛奶。"

真没想到静云是一招吃遍小区啊，才一个月时间不到，小区里就有那么多老老少少认识她了。这无疑都是她懂得分享的功劳。其实孩子并不需要分享多名贵的东西，哪怕只是一个桔子、一颗草莓、一粒糖，重要的是对方感受到了你的好意，他们自然也会对你予以善意的回应，长此以往，自然朋友成群了。

懂得分享的孩子，人际关系差不了，朋友少不了。那么如何让孩子懂得大方地分享呢?

1. 以身示范，父母首先要懂得分享

我是一个喜欢与人分享的人，我爸妈也喜欢与人分享，所以静云也经常看到我分享书籍给朋友，分享家乡特产给邻居，有什么好吃的东西分享给家人。她见得多了，自然会模仿起来。当然，从与家人分享，到分享给朋友们，再到分享给陌生朋友，这样一步一步来，更容易让孩子学会分享。

2. 分享不仅针对小朋友，更要针对所有人

有的父母教孩子分享却不彻底，只是鼓励他分享给其他小朋友，却完全无视长辈和父母。或者孩子想要分享给父母的时候，被拒绝了，慢慢孩子就习惯了不再与父母分享。这样的分享教育都不是太妥当的。以前静云摘了最爱吃的草莓回家，她会在第一时间洗好，递到奶奶嘴边。奶奶见草莓数量并不多，而且静云又非常爱吃，于是拒绝她说："奶奶不吃，云云留着自己吃。"我见到了几次这样的情况，有些担忧。后来有一次，静云吃榴莲时，她居然把奶奶的那一份也吃掉了。我感到特别惊讶，问她："云云，你不知道那一份是留给奶奶的吗？"她一脸平静地回答我："奶奶说只要我爱吃，就给我吃。"听到这话我有些无奈，只好另外留了一份给婆婆。又有一次，我们买了一个西瓜回来，静云与堂哥一人一半吃起来。那么大一个西瓜，他们吃也吃不完，却没有想到分享给我们吃，我觉得是时候说一说这事儿了，于是告诉静云：我们是一家人，有什么好的东西，都要共享，每人都要分享一份。同时，我也告诉家人，不能因为静云爱吃，东西少就不接受她的分享，她少吃一点儿，少用一点儿不会有什么问题，关键是关心家人，愿意与长辈分享的习惯要养成。

奶奶在以后的日子里被静云感动过多次，静云分享了零食或玩具给小朋友，小朋友也分享了一些好吃的零食给她作为回应。她认为特别好吃的就一直放在口袋里不吃，有时候天气热，糖果都要化掉了她都没舍得吃，而是拿回来第一时间分享给奶奶。还有一次，别人给了她一个蛋挞，她吃了一口觉得味道很好，就一直用小手揣着，拿到奶奶面前，给奶奶吃。婆婆感动地告诉我："那么冷的天气，蛋挞被她捂得热乎乎的，真是个难得的好孩子！"

3. 鼓励孩子以交换的方式与同学、朋友分享

如果分享会令孩子获得愉悦的感受，那么孩子也更能意识到分享的好处，更愿意与人分享。在学校允许的情况下，我们可以让孩子把绘本、小玩具、小零食等带去学校分享给其他小朋友。也可以让孩子找这些小朋友借他们的绘本、小玩具玩。当然，孩子都很善良、单纯，他们吃了小朋友的零食，一般下次也会分享零食给对方。有玩具一起玩儿、有吃的一起吃，这样孩子也能玩得更开心，吃得更香。他也会慢慢从中体会到分享的乐趣，从而变得更喜欢与人分享。

这里要注意的是，有些东西是孩子特别珍视或者有特殊意义的，他可能不愿意与人分享，家长就不要强迫他与人分享了。例如，静云很早就看中了一个扭扭圈玩具，最后我们终于给她买了。她一直拿在手上玩，爱不释手，可是有好几个小朋友看见了，也很想玩。静云想分享给她们，又舍不得。她问我怎么办？我告诉她："你可以告诉他们，这是我最喜欢的玩具，我想自己玩会儿，你们可以分享我的其他玩具。"后来，静云对于自己特别在乎的玩具或贴纸都会坚持这条原则，如果别人实在喜欢就给他们看一看，和小朋友把自己的想法说清楚，但不分享。她看中别人的玩具，也会询问对方，能不能用她的玩具交换，随便对方开条件。我经常看到她交换回来的贴纸、贴纸本、小玩具等等，我觉得这种互相分享、交换的方式真好，自己玩腻了，可以换一个新鲜的玩具，这也是分享的好处与快乐啊！

分清“你的”“我的”，别让孩子太霸道

瑞士著名心理学家皮亚杰曾说：“3~6 岁是孩子的‘自我中心’期，这个阶段的孩子，常认为世界是绕着他旋转的，因此很难采纳别人的观点。”孩子往往分不清“你的”“我的”“他的”，只要是自己看见的，自己喜欢的东西，就会顺理成章地认为是自己的，年龄越小，这种现象越普遍。也就是我们所说的，物权概念不清晰。家长这时候不妨参考下面这些方法，让孩子分清“你的”“我的”，别让孩子太霸道。

1. 制定规则，公共场合哪些东西可以拿，哪些东西不可以拿

我们陪刚入幼儿园不久的静云在超市购物，我想再买点水果回家，去水果摊时刚好经过糖果区，没想到静云走到罐装巧克力豆面前伸手拿了一颗放进嘴里。我赶紧把她拉去角落严肃地告诉她：“云云，这是超市的东西，要先付款才可以吃。”静云一脸不解地问：“我看别人也这么吃的，奶奶也吃过啊。”说着，静云指了指一位正在试吃桔子的女士说：“你看，阿姨也在吃啊。”我恍然大悟，成年人只是试吃，小孩子分不清，以为什么东西都可以想吃就吃。

我告诉她，如果有阿姨搞促销，有水果盘切了一些插好牙签的水果，这些试吃区内的就可以自由试吃，但只能试一次，其他的要留给后面的人

试吃。她这才彻底明白什么东西能试吃，什么东西不能。

2. 尊重孩子的物权，不要强迫孩子分享

静云 3 岁生日的时候，我看她喜欢吃草莓就挑了一个非常漂亮的“草莓姑娘”送给她。静云一见就特别喜欢，每天晚上睡觉都要抱着“草莓姑娘”。有一次，“草莓姑娘”一条腿开线了，小家伙好几天都不高兴，直到奶奶发现了这个秘密，替她补好后她才开心起来。

那年暑假，家里来客人了，还是静云喜欢的小表姐星星。星星只比静云大几个月，两个小伙伴玩得非常好。估计是“草莓姑娘”太漂亮了，星星一眼也看中了她。当星星把“草莓姑娘”拿起来时，静云马上抢了回来。星星看了一眼静云，又看了一眼静云奶奶，说：“借给我玩一会儿嘛，好不好？”静云极不情愿地说：“这是我妈妈送给我的生日礼物，你能不能玩别的娃娃？”星星在家里是个被宠坏了的小公主，哪里有她得不到的东西？她不依不饶，非要玩“草莓姑娘”。她们抢过来夺过去，静云突然起身，抱起“草莓姑娘”走开了。星星眼巴巴坐在那里，一脸委屈地哇哇大哭起来。静云奶奶赶紧走过去打圆场，对星星说：“好了，星星不哭，我马上去给你拿‘草莓姑娘’。”奶奶又对静云说：“云云，星星是客人，你们关系那么好，你就把这个娃娃送给她吧！到时候，我让妈妈再给你买一个，好不好？”看着一脸不情愿的静云，我赶紧出面调解：“星星，你喜欢云云手上的‘草莓姑娘’，可是她也很喜欢呢，你看平时她什么都愿意与你分享，这次我们就尊重一下妹妹，不抢她喜欢的玩具好不好？如果你实在喜欢，我们下午去买一个新的给你，好不好？”星星破涕为笑，点头同意，静云也放下警惕，继续与星星玩起来。

很多父母遇到孩子抢玩具的事儿，大多碍于面子，都会逼着孩子无私分享。我觉得这对于孩子的物权概念的建立是很不好的，孩子的东西就应该由他自己做主，特别是有些孩子本来非常善良，也乐于与人分享，但有些东西可能对于他来说有特别的意义，他不愿意与人分享，家长如果强迫他分享，你想想他会是什么样的感受？

3. 灌输“轮流”“借用”“交换”的概念

幼儿园的孩子，天真活泼，对什么都充满好奇，他们喜欢的东西大多是出于新鲜，玩一会儿就够了。家长可以适当灌输孩子们一些“轮流”“借用”“交换”的概念。

静云特别喜欢贴纸，她们班的小女生几乎都喜欢。放学回家，她总是让我买这个版本的、那个版本的贴纸，并且每次都是那句：“我们班 ×× 有带钻的贴纸，我也想要。”我总不能一直买买买吧，于是我给她出了一个主意：“云云，你有3本贴纸了，有一些是你喜欢的，有一些你并不那么喜欢吧，那你可以拿你不喜欢的与别人交换呀，你试试看，多用几个贴纸换一个你喜欢的，你的同学也会愿意的。”接下来的许多天，静云每天回到家都会欣喜地告诉我：“妈妈，我今天又与同学换了一个好漂亮的贴纸啊。”以同样的方法，静云还在学校与同学交换了绘本、积木、绘画本等，她玩腻的恰恰是别人喜欢的，互换一下，大家都开心。

有时候，静云换不到的东西，她还会主动跟同学说，能不能借给她玩几天，大多数时候她总能成功。小朋友都很乐意，她们也喜欢大家一起玩。

总之，家长一定要把握好孩子幼儿园这个时期，尽早让孩子分清“你的”“我的”“她的”，这不仅有益于孩子在幼儿园与其他小朋友正常交往，获得更多的好朋友，还可以通过尊重孩子的物权，不断使孩子感受到自己是这些物品的真正主人，自豪感、责任感、小主人精神、自主意识、自信心也会随之增强。

孩子和小朋友闹矛盾，父母尽量少插手

我同静云爸爸带着 5 岁的静云回老家，弟弟、弟妹也带着他们 3 岁的儿子尚尚回老家玩。两个孩子很快便熟络起来，一起玩积木，一起玩玩具小车，一起跳绳，玩得不亦乐乎。

对于尚尚，我早有耳闻，全家人宠爱，他就像是个小皇帝。果不其然，不到一会儿，他就抢静云的玩具，静云不给他，他便捡起一块小石头砸到静云头上，静云的头皮被砸破了一点儿，还出了一点儿血。静云平常对小朋友都是很友好的，这次却抓住堂弟的小手重重拍了两下，一边拍一边叫："叫你砸我，叫你砸我！"尚尚被姐姐这突如其来的暴力吓呆了，愣了几秒后哇哇大哭起来。

我弟弟赶紧跑过去看儿子，还责问我："云云怎么打人啊？"看到整个过程的我不但没有责怪静云，还把我弟弟拉开说："你儿子太霸道了，你就让姐姐教训一下弟弟吧，以后不能再砸人了，这太危险了。"我弟弟一脸无奈，却也无话可说。

后来，静云又教训了尚尚几次，每次尚尚都会生气地说："我再也不跟你玩儿了。"静云则会回应他："不玩儿就不玩儿。"不到几分钟，尚尚见姐姐不像爸爸、妈妈、外公、外婆、爷爷那样会走过去哄他，只好自己走到姐姐面前玩起来。静云故意问他："你不是说不跟我玩儿了吗？"尚尚不好意思地笑笑说："我跟姐姐玩儿。"就这样，静云玩到哪儿，尚尚就跟到哪儿，两个人还真有点儿形影不离的味道。

今年，静云 6 岁了，我们回老家时，又遇到了读了一年幼儿园的尚尚。我们发现这次小家伙改变了很多，不但愿意分享玩具给姐姐玩，还非常有礼貌了。我问弟弟："唉呀，小家伙长进不少啊，怎么教的？"我弟弟也乐了，告诉我："还是云云揍得好啊，上次被姐姐打过后，乖多了。后来我们也不管他了，他霸道，自然有其他小朋友揍他，被揍几次就知道怎么与小朋友相处了。"虽然这话半认真半开玩笑，但也不无道理。

现在有一些拼命护短的父母或爷爷奶奶，只要孩子受到一点儿委屈，不论对错都要责怪他人，弄得孩子无法无天，没有一点儿是非观。我认为这是不可取的。

有一次，我陪云云在公园里闲逛，看到两个小朋友因为争抢沙堡的玩具而吵起来了，其中一个孩子抓起一把沙子撒到另一个孩子身上，另一个孩子也不示弱，以同样的方法还击，两个孩子浑身上下都是沙子。更甚者，还拿起铲子攻击对方。这时候，其中一个孩子的奶奶冲了过去，一把抓住对方孩子的手，大骂起来："你这孩子太过分了，怎么这么没家教，你爸爸妈妈怎么教你的？"孩子拼命想挣脱被老人家死死抓住的小手，一时情急，用铲子拍了一下老人家的手。这位老奶奶便忍不住，大声喊道："你快叫你爸妈来，我要他们赔医药费，你真是无法无天了，还打老人家……"

我后来又有几次遇到那位带着孙子的老人家，因为第一次见面印象特殊，我刻意多看了她孙子几眼。我发现小家伙儿特别不讲理，脾气很暴躁，动不动就对其他小朋友恶语相向，还喜欢动手打人。我心想："这孩子真是被宠坏了，这样下去必定会影响他的人际交往。"

事儿真是巧了，没多久，静云中班来了一个插班生，恰恰是那个男孩子。闲谈时听班主任透露，原来这个孩子在另一家幼儿园被开除了——孩子经常犯错，家长不分清红皂白护短，老师无法教学，只能请他离开了。小男孩来到静云班上后也没消停，继续闹事，隔三岔五不是打了这个孩子，就是骂了那个孩子，家长们很有怨言，老师也苦恼地感叹："这孩子其实挺聪明的，学东西也快，可能是家人把他惯坏了，现在全班同学都怕了他，我们只好把他放在教室一个角落孤立起来，免得他与其他同学起冲突。”

我的侄儿尚尚，以及静云班上那位被孤立的孩子，他们之所以在与其他小朋友交往时无比霸道、蛮横，就是因为他们认为自己“有后台”，知道如果自己抢不过小朋友、打不过小朋友，还有家长帮忙。所以，他们无所畏惧，只顾自己，完全不体谅其他小朋友的感受。值得庆幸的是，后来尚尚的家长不护短了，并且还教了他一些与人相处的技巧，所以，尚尚才能走上正轨。而那位被孤立的孩子，如果家长不改变，估计他还将继续“熊”下去。

有的家长可能会说：“如果我的孩子被打了，难道我不出声，任由别的孩子欺负？”还有的家长可能会说：“如果别人欺负我孩子，我就让孩子打回去。人不犯我，我不犯人，人若犯我，我也不客气。”大部分家长都是如此操作，我觉得家长教授孩子以恶止恶，以暴止暴并不是好的方法，如果你的孩子打不过人家呢？那不是次次回击都要吃大亏？

孩子大多是单纯、善良的，家长没必要把所有事情都上升到那么恶劣、严重的程度。其实，大多数问题都是家长制造出来的问题，孩子本来只是闹了一点儿小别扭，非要上升到“欺负”与“被欺负”的高度，甚至教导孩子“当别人欺负你时，必须回击”，这都是错误的教导方式。家长应该告诉孩子，与小朋友发生冲突、矛盾是很正常的事，不用在意，不论是谁对谁错，过去了就过去了，应该怎样相处还怎样相处。这才是孩子应该拥有的健康心理，也是孩子正常发展人际关系的基础。

从孩子发育的角度来说，幼儿园时期，即 3~6 岁，恰好是孩子好动、好攻击的时候，孩子之间推一下、打一下都是很正常的事，家长要引导孩子多考虑小朋友的感受，学会合作与分享。比如告诉孩子“滑滑梯，玩秋千的时候，可以你玩一会儿，别人玩一会儿，大家轮流玩。”

另外，由于孩子好动，相互之间出现碰撞是难免的，大多不是故意的。所以，当孩子被人推了或者被人绊倒了时，要先了解一下原因，如果对方不是故意的，就要原谅他。如果对方是故意的，就要警告对方这样做是错的；如果对方还不改正，可以让孩子告诉老师，由老师去解决。如果我们知道对方是不讲理、经常欺负人的熊孩子，则让孩子尽量不要与其相处，免得惹来不必要的伤害。

如何教害羞内向的孩子打开局面

家长都希望自己的孩子在幼儿园里表现得开朗活泼，敢说敢做，然而，偏偏自己家的孩子性格内向、特别害羞，家长该怎么帮孩子呢？

美国著名育儿专家威廉·西尔斯博士说过，“害羞是人类基本性格特质中的一种，并非缺陷”。所以，家长先不要忙着给孩子贴标签，认为“害羞就是孩子最大的缺陷”“这样的孩子长大没出息”，等等。家长这样做只会让孩子更加受伤。相反的，如果孩子过于害羞，恰恰需要家长给孩子更多鼓励和关爱，帮助他们发展出更完整的人格特质。

1. 帮助孩子树立信心，找到自我价值

我侄儿尚尚初次来我家玩时总躲在妈妈身后，怎么拽都拽不出来。侄儿妈妈一个劲儿地说：“唉呀，你在家里不是挺能的吗？怎么到了姑妈这儿就变成这样了。”我试着让静云来陪他玩，可能小朋友之间更容易有共同语言吧，很快尚尚就在姐姐和玩具的吸引下，从妈妈背后走了出来。我见到他们玩得高兴，走过去抱住尚尚说：“我是姑妈啊，姑妈可喜欢你呢！”谁料他马上从我手里挣脱出来，又躲到了妈妈身后。

我以为尚尚妈妈会为儿子的害羞苦恼，不料她却说："这没什么，长大就好了吧。"后来，尚尚读幼儿园了，我们再次见面。他见到我大声叫"姑妈"，见到老公叫"姑父"，然后跑去静云身边亲昵地叫"姐姐"。

我问尚尚妈妈："尚尚怎么转变这么大，性格越来越开朗了？"她说："容易啊，我在游乐场上班，天天带他一起去上班。他天天与那么多小朋友见面，总得说话，总得交往吧。反正我不逼他，他想和谁说话就和谁说话，想和谁玩儿就和谁玩儿。他呀，什么玩具都会玩儿，得意着呢，来了小朋友他就教他们怎么玩儿，大家都很喜欢和他玩儿，玩儿久了，都快变成'孩子王'了。"

孩子害羞，不愿意与人说话，往往是因为他们害怕自己不受欢迎，换句话说就是不够自信，如果家长可以先帮他们建立自信，情况就会大不一样了。尚尚懂得游乐场每一个玩具是怎么玩的，他比其他小朋友懂得多，自然是自信满满的。所以，他愿意与人说话了，愿意不断教其他新来的小朋友如何玩这些玩具，与陌生人接触得多了，自然也就不再害怕了。

2. 孩子表现不佳时，家长一定要以鼓励为主

对于害羞的孩子，他们性格更内向，也更敏感，对于别人的评价很容易放在心上。当他们表现得不尽如人意时，家长一定要注意自己的措辞，以鼓励为主，千万不能伤了孩子的自尊心。

有一次静云就读的幼儿园举办了一个"故事会"的活动，这个活动要求小朋友在家长帮助下准备好故事，能够流利背诵之后，自主报名参加节日录音。静云是第一个报名录音的，并且表现得不错。当家长在群里听到她的录音后，就有好几个家长发私信给我。有的问："我们家的孩子在家里能背诵故事，到了学校当着小朋友的面就成哑巴了，怎么办呢？"有的问："我们家的怎么也记不住故事内容，老是非常紧张，一紧张就忘记故事内容，总是出错，怎么办呢？"，等等。对于这些家长的问题，我完全能理解。孩子的记忆力都很好，只要多加练习，记住故事内容是完全没问题的。不能在老师、同学面前把故事完整讲述出来，主要还是因为他们害羞、紧张。所以，我对那些家长说："一步一步来，孩子能够背诵故事后，可以先让孩子在家人面前讲一讲，然后再陪孩子在小区其他孩子面前尝试讲一讲，如果都没有问题了，就可以在班上尝试说一说了。如果孩子表现不是太理想，也不要责骂他们，多加鼓励就可以了。"

后来，那几个孩子也陆续表演了，只有一个孩子第一次录音时因为太紧张没成功，回到家后，家长鼓励他再试了一次，第二天也成功录制了故事。

3. 多让孩子与人打交道，练习多了自然会进步

我曾见过一些孩子见到陌生人就躲起来，对于这类过于胆小、害羞的孩子，家长可以先在家里锻炼他们，一般在自己的地盘，孩子容易表现得自在一些。家里来客人了，让孩子帮忙给客人拿鞋、招呼客人、递送水果、零食等等。如果孩子连这些都不敢做，可以先让孩子招呼小客人，再慢慢过渡到招呼大客人。

另外，我们同孩子逛街买东西时，让孩子自己购买东西，让孩子去询问售货员某件东西在哪里，让孩子询问去哪个店该怎么走，等等。我们还可以经常带孩子去其他同学家里串门，你来我往，见面多了，自然就熟悉了，不再害羞了。

如果孩子有了一定的进步，家长还可以鼓励孩子去认识小区里其他陌生的孩子，教孩子一些自我介绍、融入小伙伴的技巧。例如，静云总是反复使用同一句简单、实用的自我介绍："小姐姐 / 小哥哥，你好，我叫刘静云，我可以同你们一起玩吗？"只要这么说了，得到的回应多数都是"可以”，因为小朋友也喜欢人越多越好，他们会觉得更好玩。

最后，我们要注意的是，当我们害羞的宝贝终于开口尝试与人交往了，或者较以往进步了，表现好的时候，一定要具体地赞美这个细节。当孩子听到家长夸奖自己时，就会获得更多的自信，也更愿意再做类似尝试。尝试得多了，孩子自然就能打开局面，很快拥有自己的朋友圈。

孩子不合群，父母要帮助孩子尽快适应集体

我家亲戚里面有好几个人在幼儿园当老师，过年过节大家聚在一起的时候，就会说起幼儿园的孩子们。

伯母说：“我的血压越来越高了，就是班上那几个熊孩子给闹的。真希望快一点儿退休。”我好奇地问：“现在的孩子很不好教吗？”伯母感叹：“是啊，你不知道啊，我们班有两个这样的孩子，总是我行我素，一点儿也不合群，动不动就打其他小朋友，抢其他小朋友的东西。我没办法了，只好把他们两个安排在教室一个角落里一个，尽量拉开他们与其他同学的距离，否则，我这课真的没法上了。”

三姨是幼儿园的生活老师，她也感慨说：“现在的孩子的确不好教育，以前不听话还可以体罚，现在的孩子，只要对他们说几句重话，回到家里告诉家长，家长就来学校投诉、找麻烦。根本就不能教育，只能由着孩子自己来。”

家长满心以为将孩子送入幼儿园了，老师就会将我们的孩子教育好，可是面对某些特别的孩子，老师却无能为力。为什么会有这些特立独行的

孩子呢？只要家长静下心来反思，就会发现，自己才是罪魁祸首。

1. 孩子不合群的原因

第一，手机、电脑、电视成了孩子的保姆，让孩子失去了与人交往的机会。网上统计过一组关于幼儿与手机（平板电脑）的研究，研究者调查了 1000 名 0~5 岁的幼儿，结果显示幼儿的智能手机（平板电脑）使用率为 80.4%，有 32.5% 的孩子从 3 岁的时候就开始玩手机或平板电脑。父母给孩子玩手机、玩平板电脑最主要的原因是“让孩子安静一会儿”，这组数据占到了 52.9%。

除了手机与平板电脑，电视机也是孩子的备选保姆。孩子们往电视机前一坐便俨然成了沙发土豆，一动不动地就能坐半天。

诚然这些游戏与动画片可以让孩子学到一定的知识与技能，可是它们同时也阻止了孩子与外界交流。孩子学会了使用高级机器，却不懂得如何与人交往。

第二，家长不适当的警告、教训，让孩子不愿意融入人群。大家也许会很熟悉这样的场景：一群孩子在公园里追追打打，家长看在眼里，急在心里，总是忍不住拉住孩子说：“你别跑了，这样很容易摔倒，会受伤的。”于是，孩子只好坐在家长身边羡慕地看其他孩子尽情玩耍。

一群孩子在沙坑里堆城堡、做各种小模型，家长看到孩子身上的沙土皱起了眉头，走过去拉住孩子说：“这太脏了，我们不玩了。”于是，孩子又只能乖乖坐在一边，看其他小朋友尽情玩沙子。

孩子一次次想融入人群中玩耍，家长却一次次叫住他，给予警告与教训，久而久之，孩子就会变得内向、不愿意与人交流，他们会活在自己的世界里，一个人学习，一个人玩玩具，不懂得如何与人交流。

第三，过度以孩子为中心，让孩子在家养成了事事为先的毛病。孩子在家，就是家里的“小太阳”，要什么有什么，他想吃的家人都让他先吃够。可当孩子入了园，他却成了众多“小星星”中的一颗，关注度瞬间降低了，孩子对于地位的骤降自然是不适应的，就容易出现打人、抢东西、哭闹等情况。

孩子的问题出现了，家长要如何做才能弥补自己的过失，让孩子尽快合群，融入幼儿园的集体生活呢？

2. 让孩子融入集体的方法

首先，家长可以从一到多帮孩子发展朋友关系。孩子已经养成了独来独往的习惯，如果家长强行让孩子马上融入集体活动，恐怕很难取得良好的效果。家长可以陪孩子多去邻居家里坐坐，接送孩子的时候多与同学的家长及孩子搭讪，去公园玩的时候，鼓励孩子去认识那些活泼开朗的孩子……一对一地交流，互相认识，孩子会觉得相对有安全感，难度低很多，也会更愿意听从家长的鼓励。当孩子有了新朋友之后，家长可以创造更多的机会让孩子与新朋友一起玩儿，周末野餐、出游或者邀请小朋友与父母来家里玩儿都可以。当孩子有了一个好朋友之后，就不会觉得那么孤单了。

其次，家长可以根据孩子的爱好报兴趣班。每个孩子都有自己喜欢的活动，例如，静云特别喜欢画画，尚尚特别喜欢跆拳道。家长陪孩子试课后，如果孩子喜欢就可以给孩子报兴趣班。在兴趣班里，孩子年龄相当，兴趣一致，更容易成为好朋友。这样的集体生活也有利于培养孩子的社会能力。

再次，鼓励孩子多与小区其他小朋友一起玩儿，并且邀请班里小朋友来家里玩儿。同在一个小区或者同班的同学，都会有一种亲近感，家长可以多多鼓励孩子去认识他们，也可以陪孩子一起融入其他孩子群中，让孩子做自我介绍，并且还可以让孩子介绍一些家里特别的玩具、宠物等，邀请其他小朋友来家里玩。只要孩子征得父母允许，他们是很乐意接受邀请的。当孩子生日的时候，可以邀请同小区或同班同学来家里一起庆祝玩耍，还可以为孩子们准备一些精致的小礼物。慢慢地，孩子就可以在与其他孩子相处中学会如何商量、合作、与人相处了。

Kindergarten

第七章

幼儿园3年，好习惯决定孩子的一生

美国著名教育家曼恩说：“习惯就像一根缆绳，我们每天给它缠上一股新索。要不了多久，它就会变得牢不可破。”

良好的习惯不是一朝一夕养成的，必须经过较长时间的训练才能逐步养成。因此，父母要想培养孩子良好的习惯，绝不能三天打鱼，两天晒网，而是要坚持到底。

孩子玩手机、电脑必须要有使用规则

很多家长反映手机、电脑对孩子负面影响太大了，因此严格禁止孩子玩儿。我甚至还见过极端的家长，为了防止孩子玩手机与电脑，家人都换上了按键老年机，电脑也拔掉了网线。我与孩子的爸爸都认为电脑和手机是高科技产品，是时代进步的产物，所以我们不禁止孩子玩手机、电脑。只是在孩子玩儿的过程中，我们会提出一些使用规则，而孩子也表现得很乐意遵守这些规则。

1. 孩子只能玩儿家长为他挑选的娱乐项目

我们给静云挑选的娱乐项目有各种益智游戏，如拼图形、堆积木等，也有一些简单的知识类游戏，如简单的计算游戏、识字游戏、字母游戏等，还有一些适合小女孩玩的“做蛋糕”“换装”“装饰我的家”，等等，最后还有一些深受其他小朋友喜爱的其他小游戏。

静云玩游戏的时候，我与孩子的爸爸会轮流陪在她身边，我们会教她怎么玩儿，也会给她讲述为什么要挑这些游戏给她玩儿。我对静云说过：“我们的时间花在哪里就要在哪里有所收获。如果瞎玩一通，那我们就是在白白浪费时间。如果我们可以选些能够锻炼自己的游戏玩，我们就会变得越来越聪明、能干，还能学到知识。”静云很认同我这个观点，后来，我们不陪在她身边了，她也能自觉地挑选类似的游戏玩耍。

2. 给孩子约定游戏的时间，但也允许偶尔超出时间

如果从一开始家长就能给孩子定下规则，孩子是很乐意配合的，这样就会大大减少出现死缠烂打、不讲理的局面。我与静云约定的是每次玩游戏的时间不能超出 30 分钟，每天可以玩两次游戏，如果偶尔游戏没结束，可以适当延长几分钟。有时候静云玩得兴起，还会特别申请能不能再多玩一次游戏，我会问她："你如果觉得能够控制自己，那你就玩儿吧，如果你觉得再玩儿一次，还是会停不下来，那就不要玩儿了。"我把选择权交给她，结果呢，有时候她会选择再玩一次，然后停下来做其他事，有时候她会果断选择不再玩了。她自控力很强，让我都觉得惊喜。

3. 父母以身作则，与孩子互相监督少玩手机、电脑

有些孩子痴迷玩手机、玩电脑，大多是因为家长也是手机迷、电脑狂，孩子有样学样罢了。如果你就是这样的家长，那么你就应该好好检讨下自己，从自己的改变做起，而不是强行让孩子一个人改变。如果做不到言传身教，那么就很难让孩子信服你。

我弟妹是个手机迷，只要手头没事就会掏出手机看小说、逛网店，侄儿尚尚也会拿着爸爸的手机如痴如醉地看动漫。吃饭时间到了，弟妹让尚尚先吃饭再看，小家伙居然不买账，要求边看动漫边吃饭，如果不给他看动漫，就连饭也不吃了。弟妹没办法，只好用手机支架把手机支在桌子上，让他边看边吃饭。

弟妹因为老玩手机，眼睛由以前的轻微近视变成了深度近视，她担心尚尚小小年纪也变近视，就决定不让尚尚再玩手机。可是各种招数都用遍了就是不能阻止他看手机，小家伙只要一会儿没有手机，就会变得不安，哭闹不止。

邻居与家人都说尚尚的手机瘾是没法戒掉了，但事实上，不到两个月，弟妹竟然成功帮他戒掉了手机瘾。现在，尚尚回到家里不是翻卡片玩游戏，就是玩积木游戏，再或者与附近其他小朋友一起玩游戏，不再迷恋手机了。这到底是怎么回事呢？问题的解决还得益于弟妹的工作，弟妹为了更好地照顾尚尚，在孩子幼儿园附近找了一份儿童游乐园的工作。尚尚每天放学后都会在游乐园玩一会儿，母子俩一个忙着工作，一个忙着玩耍，都没有时间看手机了。回到家里，弟妹又忙着处理家务，也无暇玩手机，尚尚也能自已找乐子，玩得不亦乐乎。就这样，他们娘儿俩的手机瘾同时戒掉了。

我们的孩子就是一张白纸，他有什么样的爱好，有什么样的生活方式，完全取决于父母。父母有责任，也有义务多陪伴孩子，给孩子创造更多有意义的活动，例如：踏青、爬山、打球、散步、亲子阅读等。如果生活充实了，孩子也就不会沉迷于手机、电脑了，孩子也能更加健康、快乐地成长了。

如何让孩子告别拖拉，提高做事效率

我与婆婆都是急性子，很多事情做完了，还没有想过为什么要做。当我们看到拖拖拉拉的人时，内心是极度崩溃的。可是，我们家养育的两个孩子都喜欢做事拖拉。

侄儿图图 3 岁多来我们家，在我们这里读幼儿园。每天早上，我们还在睡梦中就能听见婆婆大声喊：“快一点儿起床穿衣！”过一会儿又是一句：“你怎么还没有起床啊！”几分钟后，还是婆婆更刺耳的声音：“你再不起床就要迟到啦！”接着便是婆婆把侄儿从被子里拖出来，替他穿衣穿裤穿袜子，拉着他去洗漱。

图图好不容易洗漱完坐在了餐桌前，刚吃几口早餐就跑去玩一会儿宠物鸟，吃几口早餐，又玩几下玩具，甚至玩着玩着忘记了还在吃早餐这回事。婆婆又是一阵催促："你快一点儿啊，时间就快来不及了！"侄儿头也不抬，理都不理她。婆婆只好端起碗跟着图图喂，早餐通常要喂20分钟以上。本来早早起床为的是避免迟到，但折腾了几个回合便真的快要迟到了。

转眼轮到静云读幼儿园了，我要求她每天7：40出门。不巧的是，静云同图图果然是"不是一家人，不进一家门"——他们俩一样的拖拉。怎么办？婆婆催，我也催，这才能够保证她每天不迟到。

有一次我问静云："云云，每天早上上学，我们都这样催你，你不烦啊？为什么你自己不主动一些呢？"静云看了我一眼，皱着眉头说："你们催得我烦死了，明明还有时间，你们老说没时间了，我每天都没有迟到啊。"我有些没好气地数落她："如果我们不催你，就真的迟到啦！"她不客气地回应我："唉呀，妈妈，你同奶奶如果慢慢地催我，就表示还有时间，如果你们大声地催我，就表示时间真的来不及了，我就会快一点，肯定不会迟到的。"我听着觉得蛮有道理的，原来她拖拉与我们催的音调高低、快慢是有一定关系的。

接下来的日子里，我同婆婆商量了，我们要改变以往的做法，不再催促静云。我告诉静云："云云，以后，你每天在闹钟响后，自己起床把自己的事情做好，然后坐沙发上等奶奶或妈妈送你去幼儿园。我们不催你了，如果你做完你的事还有时间，你可以玩一会儿，如果你做得太慢就只能迟到了。"静云刚开始不适应，还是慢吞吞的，我们一直不吭声，奶奶忍不住催了一句："快要迟到了，你快一点儿。"我便回应了一句："不要催她，她迟到了是她自己的事。"结果静云飞快地行动起来，一边吃早餐一边问我："妈妈，我真的要迟到了吗？我是不是要迟到了？"那天7：50出门，刚好8：00到学校。晚上静云放学回家，我又告诉她："你早上动作快一点儿，就不用那么急匆匆地出门了。如果明天你还慢慢起床，说不定就真的迟到了。”静云表示第二天会早起，结果又弄了个急匆匆去学校。后来，她要求我们把早上起床时间提前 10 分钟，我们照办了，果然，我们不再催，她也可以在床上赖几分钟再不急不慢地起来，也没有再担心迟到这回事了。

根据静云早上去幼儿园的例子，我觉得让孩子告别拖拉，提高做事效率，主要可以从以下几个方面着手：

首先，我们要给孩子灌输一定的时间观念，例如：早上起床时间是 7：00，洗漱时间是 7：10，早餐时间是 7：20，出门时间是 7：40。可以给孩子配一块儿童手表，教他认识时间后，由他自己按时间做事。

其次，孩子的事情由孩子自己承担责任。我经常告诉静云：“读书是你的事情，你自己把握时间，迟到了你学不到知识，老师对你印象不好，同我没多大关系。”慢慢地，孩子就有了主人翁的意识，就会认真对待他要做的事情。

接着，家长要给孩子预留多一点儿时间，理解孩子“慢慢来”的需求。千万不要一直催，催得家长心里烦，孩子心里更烦。我们以前是 7：00 起床，后来，我同静云商量：“你现在动作有点慢，我们就 6：50 分起床，等你做熟练了，动作快了，我们就多睡 10 分钟，好不好？”她果断答应了，虽然早上起床还是比较费劲，可是也不至于后面太匆忙。大概一个多月后，静云就可以 7：00 起床，自己安排好时间了。到现在上小学，每天早上她会在闹钟还没响之前自然醒来，然后按部就班做自己的事情，有时候还会悄悄帮我们叠被子，整理床铺等。

最后，尊重孩子、相信孩子，不要时刻监视孩子。当家长放手让孩子做，相信他能做好时，孩子也会努力不负我们所望，做得令我们满意的。即使孩子表现得不尽如人意，家长也要多鼓励他，给出建议，让孩子再试一次，孩子就会在不断修正、前进中找到规律，就能将事情做得越来越好，越来越快了。

不爱刷牙洗脸？怎样让洗漱变得很有趣

静云爸爸家上上下下个个蛀牙，有时候我打趣他：“你们是不是出生在山里，小时候连刷牙、洗脸的水都省下了，免得没水喝呢？”静云爸爸说他们确实有过没水洗脸、没水喝的时候，还得去很远的地方打水，可是他们的蛀牙却是因为自己习惯不好留下的。

侄儿图图也遗传了他们的坏习惯，经常不刷牙、不洗脸，幼儿园阶段满口牙齿都成了龋齿，帅帅的小脸蛋，一笑便露馅儿了，还好后来被他妈责骂了无数次之后，强行改掉了这个坏习惯，现在换得了一口好牙齿。

静云从小刷牙，因为大多时候没有科学刷牙，所以刷不干净，即便定期看牙医，还是留下了5颗龋齿。牙医说龋齿具有遗传倾向，静云可能也因为遗传，再加上小孩子爱吃甜食，牙没刷干净，或者刷牙后又吃了东西所以会导致蛀牙。

自那以后，我们更加重视静云的牙齿护理了，她自己也乐意与我们配合，现在有一年多没有再蛀牙了，也算是进步吧。那么，如何让孩子爱上洗脸、刷牙呢？

1. 给孩子准备他喜欢的卡通刷牙杯、牙刷，还有毛巾

孩子总有自己喜欢的卡通形象，我们可以陪孩子一起去选购他喜欢的洗漱用品。静云最喜欢草莓味与香橙味的儿童牙膏，蓝色青蛙王子卡通杯，粉红色带小兔子图案的毛巾，我都一一尊重她的选择。当然，有时候牙膏用完了，她想换口味，我也会尊重她的选择。

有了自己喜欢的洗漱用具，孩子前几天总会跃跃欲试想要赶紧用起来，家长就可以趁机教她们一些使用方法了。也可以手把手教孩子使用几次，孩子逐渐就学会了。

2. 通过“牙齿说”“蛀虫说”“脸蛋说”，让刷牙变成一场动漫表演

孩子喜欢玩游戏，我们就把洗脸、刷牙变成游戏，这样他就愿意参与进来了。

当静云不愿意洗脸的时候，我会装作委屈的样子说：“唉呀，我是云云的小脸蛋啊，今天是怎么啦，我什么都看不见，是什么脏东西把我盖住了，我这么漂亮，我要脏东西走开，我要出来玩儿。”静云一听，哈哈大笑起来，然后回我一句：“妈妈，你真调皮。我要洗脸去啦！”

当静云不愿意刷牙的时候，我可能会扮成牙齿说：“云云，我的小主人，我是你的牙齿啊，你快救救我呀，现在有好多牙虫在围攻我呢！唉呀，我又被他们咬了一口，实在是太疼了！”静云马上心疼自己的牙齿，二话不说，飞奔跑去刷牙了，我则在她身边继续说：“谢谢小主人，我们马上就有救了，还是小主人心疼我们呀！”有时候我还会扮成蛀牙说：“云云，我是蛀牙先生，真是太感谢了，你给我提供这么多的食物，等我吃饱了小肚皮，我就有力气啃你的牙齿了，啃一晚上白花花的小乳牙，想想都很美味呢，哈哈！”静云听了会假装生气回应我：“你这讨厌的蛀牙，我马上就把牙齿刷干净，饿死你算了。”我继续回应她：“啊，天哪，救命啊，小主人要刷牙了，我就没有食物了，我要活不下去了！”静云刷完牙还会在我面前得意地说：“看，干干净净，一点食物也没留下。”

3. 多鼓励、多表扬，让孩子快乐地坚持下去

静云自己洗脸、刷牙后，我经常鼓励她：“真是棒棒的，自己的事儿可以自己做了。”有时候也表扬她：“哇，云云，你把自己洗得好干净哟，来，让妈妈香一个。”然后往她脸上亲一下表示奖励。如果孩子坚持自己洗脸、刷牙后得到的都是愉快的感受，哪怕有时候他觉得洗脸、刷牙很麻烦，也会更有动力克服自己的懒惰，坚持下去。

4. 让孩子操作变得简单、方便

很多家庭的洗漱盆都是以成人的标准制作的，比如我们家的就是成人使用方便，孩子太矮小，每次使用还要搭凳子，一不小心就会弄湿袖子、打翻杯子等，引来奶奶的臭骂，这种种小麻烦，看似不起眼，都会成为孩子养成好习惯的障碍。

怎么处理呢？如果方便的话，最好可以根据孩子身高设计洗手盆，这样孩子操作起来更方便。如果实在没法改变洗手盆，家长可以为孩子准备一张高矮合适，容易搬动的小椅子，摆在孩子容易拿到的位置。我们后来是根据静云身高，买了一把有后背的小椅子给她。洗手盆的边缘可以摆放吸水毛巾，以免孩子衣袖弄湿，获得不愉快的体验。

孩子也是很愿意朝好的方向发展的，他们也想有一张干净的脸、一口洁白的好牙齿。只要家长让他们觉得这样做简单、方便、愉悦，那么孩子就很容易坚持下去，慢慢养成良好的洗漱习惯。

吃饭像打仗？餐桌也可以变成课堂

谈到孩子吃饭这个话题，家长多多少少都有压力。我身边的孩子，大多到了幼儿园还不能够自己吃饭，可想而知，在家里，为了吃饭这个习惯，家长得多费神。

就说说我侄儿图图吧，不吃饭还好，一到吃饭的时间，他就会找出很多事情来做。一会儿写作业，一会儿玩玩具，一会儿又想到还有手工要处理，就是不会想到要按时吃饭。奶奶只好端着碗，追着喂，一直喂到他幼儿园毕业。在这个过程中，我曾多次建议让孩子自己吃，奶奶要么告诉我："图图现在比以前好多了，现在喂饭都不用追了，以前在乡下，吃饭更令人头疼，一边喂他一边跑，得追几里路才能吃完一碗饭。几乎每餐饭都要软磨硬泡耗上一个多小时才能勉强吃完。"要么对我说："如果不喂饭，孩子吃不饱，长不高。"要么直接说："让他自己吃得吃到猴年马月去，还要弄得到处是，我懒得等，也难搞卫生，还不如我给他喂了，你看现在越来越快了，20分钟搞定。"

我拿侄儿没办法，只好努力培养静云吃饭的好习惯。因为有侄儿在旁边做另类示范，所以，我们在培养静云的时候也是挺艰难的。说是打仗一点儿也不为过。侄儿吃饭从来不上桌，想要静云安静坐着同我们一起吃完一顿饭太不容易了，我想着总得做点什么。国外不是流行餐桌教育吗，我想我也可以参考学习一二。

据说，英国人把餐桌当成孩子的家庭课堂，陪孩子吃饭时，会用心教会孩子：用餐礼仪、用餐习惯以及环保意识。而美国人则会在餐桌上教育孩子独立思考。他们尽可能让孩子自主决定要吃什么，不想吃什么，还有吃饱再玩儿，如果没吃饱就玩儿，最后就要接受挨饿。中国也有一些专家提出，餐桌上要尽量避免教训孩子，因为孩子受到家长训斥，兴奋起来的消化腺就会受到抑制，减少消化酶的分泌，就会造成孩子消化不良。

到底餐桌教育可不可行呢？我觉得只要方法得当，还是可行的，并且非常有利于孩子综合素质的培养。下面我们具体来看看要如何操作：

1. 家长可以在餐桌上培养孩子的用餐礼仪

孩子与父母一起用餐时，如果能够养成文明、儒雅的用餐习惯，以后与同学聚餐，与亲朋好友聚餐，甚至走向社会后与同事、领导、老板聚餐时，也会表现得彬彬有礼，受人欢迎，这也是父母留给孩子的一笔无形资产。

我们要告诉孩子，要等全家人就位、坐定后，才可以动筷子；用餐时要正确拿筷子，不能翻捡盘中食物，必要的时候使用公筷夹菜；用餐时嘴中有食物不能说话，喝汤不要出声，不能用餐具指着别人说话；用餐时尽量保持桌面干净，用餐完毕将残渣收拾到碗内，摆正椅子，同时向其他正在用餐的人礼貌地说声“慢用”。

虽然每个人的吃相都是自己的私人问题，可是用餐中的每一个细节动作都反映了一个人的教养，父母应该以身作则，为孩子做好榜样，培养好孩子的用餐礼仪。

2. 家长可以在餐桌上培养孩子自理、独立的能力

静云入幼儿园的时候已经可以自主用餐，我认为她还是学得比较迟的。因为我同学的孩子 1 岁半左右就可以用筷子吃饭了，还能像大人一样吃面条，同时保持桌面干净整洁。

静云幼儿园班上很多孩子在学校勉强还可以自己吃几口饭，回到家里依然是父母喂饭。我们是鼓励静云自己决定吃什么菜，要吃多少。如果她觉得自己饱了，就可以不用吃了。有时候奶奶见她吃得少，会端起饭碗说：“云云，再多吃几口，不吃饱长不高的。”我们也会及时阻止说：“饿几餐没事，以后她就懂得要多吃一点儿才能吃饱的。让她自己把握吧！”奶奶一直担心静云吃不饱会影响长身高，可是静云却用事实证明她不仅身体好，身高也是非常正常的。

3. 家长要让孩子学会感恩，做个有责任感的人

我们家是静云奶奶做饭，我主动提出：“奶奶为全家人做饭，我就为全家人洗碗！”我递给静云一把筷子，问她：“云云要不要为全家人分发筷子呢？”小家伙还以为玩游戏，欣然同意并且照办了。

静云吃饭的时候，偶尔会挑食，告诉我们：“这个菜不好吃，那个菜我也不爱吃。今天晚上的菜我通通都不喜欢。”我抓紧机会教育她：“妈妈以前也挑食得厉害，总嫌弃饭菜不好吃，后来去了广州，那儿的菜更不合妈妈的胃口，我饿了好几天，饿得手软脚软，难受极了，妈妈就再也不挑食了。不管什么菜，奶奶那么辛苦做出来了，喜欢就多吃一点儿，不喜欢就少吃一点儿，每样菜都吃，就可以做到营养均衡，所以妈妈身体棒棒的，很少生病。”静云一边夹自己平时不爱吃的胡萝卜一边问：“妈妈，我吃胡萝卜对身体好吗？”我说：“当然好，对你眼睛特别好。”她又夹一些豆腐问我：“吃白豆腐对身体好吗？”我点头，她便大口吃起来，完全忘记自己以前那么抗拒吃豆腐。待大家把所有菜都吃完后，静云向奶奶报喜：“奶奶，你的辛苦终于没有白费，我们都吃光了，谢谢奶奶！”

后来，静云除了给全家分发筷子，还会抢着洗碗，给大家盛饭，总想着为全家人出一份力，还向我们承诺等她以后上班工作赚钱了，给全家人买最好吃的菜。

4. 家长要尽量避免给孩子搞特殊化，要让他懂得分享

不少家长在吃饭时，总是把好吃的菜、孩子喜欢的菜优先给孩子吃，哪怕是家长连味儿都闻不到也无所谓。家长还自我安慰：“孩子吃了长身体，我们吃了也浪费了。”恰恰是这种用餐习惯把孩子培养成了自私、不愿分享、唯我独尊的问题孩子。这样的孩子入园后，入学后，进入集体，走入社会，都将处处碰壁，会因无法处理好人际关系而吃尽苦头。

所以，家长在餐桌上一定要避免给孩子搞特殊化，要告诉他，他喜欢吃的菜别人可能也喜欢吃，每次不能夹太多，要时刻照顾大家的感受，注意礼让与分享。

晚上不肯睡，早上睡不醒，3 招让孩子的作息有规律

3~6 岁的幼儿，睡眠时间最好能够保证在 10~13 小时左右，这是幼儿身体发育的需要，也是幼儿白天精力充沛的需要。然而，很多家长反映孩子很难睡够这个时间。晚上不肯睡，早上睡不醒成了许多孩子的通病，家长痛苦，孩子同样也痛苦。

静云从小精力旺盛，中午从来不睡午觉，到了晚上还可以熬夜到 11 点左右，非要等全家人都睡觉了，她才能慢慢入睡。到了早上，奶奶再三催促又不愿意起床。她一个劲儿嚷着："唉呀，我还没睡够啊，求你了，再让我睡 5 分钟吧。"于是，奶奶催了一次又一次，她总是央求再多睡 5 分钟。

调整静云的作息时间，我们还算比较容易。因为我知道她无非是睡得迟，没睡够，早上才起不来。只要从根源上做好功课，想办法让她早睡，那早起肯定就没有问题了。下面，我给大家说说我们是如何让孩子早睡早起的。

1. 营造睡眠环境，安排催眠的睡前活动

静云晚上不肯睡觉往往是因为我们也没有休息，开着灯，电视声音又吵闹，影响她入睡。再加上她往往也有自己的活动，玩得正兴奋、开心，也就完全没有睡意。

当我决定调整她的睡眠规律后，一到晚上 9 点我就会让她收拾好玩具上床，然后把她搂在怀里读睡前故事。如果她精力好，我们可以读 5 本绘本，如果读比较晦涩的科普书，那就读 10 页左右，然后加上一些我的讲解，到了 9：30 就能准时睡觉。我发现读书真的是个很好的睡前活动，每每等我们读完，静云上完洗手间就已经睡眼惺忪了。我再关了房门，关了灯，只要几分钟她便睡熟了。

如果孩子不太喜欢睡前阅读，家长可以晚上 9 点前为她洗个热水澡，让她喝杯牛奶，然后关掉电视、灯，尽量给孩子一个安静的睡眠环境。孩子实在睡不着，家长还可以让她闭着眼睛，给她讲故事听或讲她小时候的事情，慢慢孩子就睡着了。

2. 晚饭后适量活动，释放精力，方便晚上早早入睡

幼儿园都会给孩子们安排一个时间比较长的午睡，如果孩子在幼儿园午间睡得香，晚上可能会精力特别旺盛，就不容易进入睡眠。家长晚饭后，可以陪孩子去公园散散步，让孩子找小伙伴们玩一会儿游戏，疯一会儿，闹一会儿，睡前把过多的精力释放了。

我与静云爸爸白天都是坐在电脑前工作，到了晚上，我们会出去打球，静云就在旁边与小伙伴玩 1 个小时左右。回到家，出一身汗，洗个热水澡，舒舒服服的，再读一会儿书，自然利于睡眠。

3. 花样方式叫孩子起床，美好的一天从早上开始

孩子小小年纪，每天坚持上幼儿园，其实挺不容易的，家长要多换位思考，包容理解一下他们，尽量避免训斥、催促，我们要采用舒服的方式叫孩子起床。

静云喜欢比赛游戏，早上我们经常会采取比赛起床的方式。轻轻唤醒她，然后陪她聊几句，让她好好醒醒睡意。再对她宣布比赛规则："云云，你看咱们的衣服都摆好放这里了，我们比一比看谁穿得快，你准备好了吗？"等她说准备好了，我们就开始了。我会故意假装扣不上扣子，对她说："啊呀，我这粒扣子不是很老实啊，总是扣不上，怎么搞的，让我再试一次。"或者假装裤子不好穿，对她说："天哪，我不是一晚上长胖这么多吧，裤子提不上来啊，我得再来一次。"静云一边乐得咯咯笑，一边手脚麻利地穿戴整齐，向我宣告她赢了比赛。

冬天寒冷的时候，即使早睡也很难早起，毕竟被窝里远比外面暖和舒服，怎么办呢？我又开始陪静云玩起床游戏。在她床边放一点儿轻柔的音乐，让她醒醒瞌睡后，我再拿起她的小袜子，对她说："云云，这双漂亮的小袜子要找它的小主人啦，找啊找啊，原来在这儿，看，穿上一只。来，看看这边，呀，穿上另一只，小袜子终于可以保护主人的小脚丫不被冷到了。"我一边给她穿袜子，静云一边笑，等我拿出她的棉衣时，我会说："云云的棉衣不听我的话，不让我穿啊，什么，棉衣说它只听小主人的话，怎么办呀？"静云哈哈大笑，一脸自豪地对我说："妈妈，你拿过来，我自己穿。"就这样，美好的一天开始啦！

除了陪孩子玩各种起床游戏，我觉得家长只要花点心思，还可以想到很多不错的办法。静云养了鹦鹉做宠物，我早上只要说点儿关于鹦鹉的小道消息就可以刺激她马上起床。有时候我会说："我们家的鹦鹉在打口哨找小主人啊，可是小主人却不理它，它伤心啊，真的很伤心……"有时候我会说："天气这么冷，我们家的鹦鹉应该没有冻坏吧？"有时候我会说："昨晚不知道什么时候，鹦鹉掉了一根非常漂亮的羽毛，你要去捡起来收藏吗？"只要我说到有关鹦鹉的事儿，十有八九静云就会马上起床。

除了我的方法，家长还可以临场发挥，想出各种不错的好办法来叫孩子起床。打开窗帘，告诉他太阳公公已经起床很久了，马上就要晒到他的屁股了。除此以外，也可以用美味的早餐香味吸引孩子起床，等等。

有的家长可能会说天天这么折腾，太磨人了。其实只要家长坚持一些日子在固定的时间叫孩子起床，孩子的生物钟就会调整到那个时刻醒来。静云经过一段时间的早睡早起训练后，不管是周一到周五要上学，还是周六周日在家休息，到点儿便会早早醒来，习惯棒棒的。

见人没礼貌？原因可能在你身上

周末，我与多年未见的老同学小帆相约带着孩子去爬山。静云见到她们母女便打招呼："阿姨好，妹妹好！"而小帆的女儿丽丽却对我们毫不理睬。

"丽丽，快叫阿姨，叫云云姐姐！"小帆拉了拉女儿的小手，让她与我们打招呼。

丽丽却挣脱小帆的手，丢下一句："妈妈，我想吃冰激凌。"然后向小卖铺跑去。小帆追上女儿极力劝说："你先叫人，我再给你买冰激凌，好不好？"丽丽一脸不情愿地说："那我不吃冰激凌了。"

"这孩子，平时不这样的，可能是第一次见到你们有些害羞。过一会儿就好了！"

小帆给静云和丽丽每人买了一个冰激凌，我们开始一起爬岳麓山。走了几步路，丽丽跑到静云面前指着冰激凌说："我这个冰激凌不好吃，我要同你换一下。"静云一脸不可思议的模样，笑了笑对丽丽说："我已经吃过了，这上面有我的口水哦，咱们还是各吃各的吧！”丽丽走上前拦住静云说：“不行，一定要换，你的冰激凌也是我妈妈买的，又不是你妈妈买的。”说着，丽丽把静云的冰激凌抢走了，把自己手上那个吃了几口的冰激凌塞到静云手上。这次不仅静云惊呆了，我也看傻眼了。小帆跑上前解围，拉住丽丽说：“赶紧把姐姐的冰激凌还给她，妈妈给你买一个一模一样的，行不行？”“不行，我就要吃这个。”丽丽倔强地与妈妈对抗着。小帆没办法，只好顺从了她。

事后，静云对我说：“妈妈，你说丽丽是不是有点儿没礼貌啊，她怎么能这样啊？”我想起小帆小时候好像也是如此。小帆是独生女，家里条件非常好，父母宠得她像小公主，她小时候从来只替自己考虑，不顾及别人的感受，对人也十分没礼貌。所以，丽丽今天的行为，可能与小帆平时的言行举止有很大关系。孩子今天的表现怎样，往往就是父母平时的行为再现。碰到这种情况，家长要如何做才能让我们的小宝贝成为讲礼貌、受人欢迎的好孩子呢？

1. 家长要反省自己，以身作则，自己先讲礼貌

有些妈妈在家对孩子挥来指去的，对孩子爸爸也是颐指气使，毫无礼貌，孩子有样学样，见多了，也会把类似不礼貌的行为变成顺其自然的事。

我们可以先在家里礼貌起来，见到亲人，要打招呼，问候早安；让对方帮忙的时候记得说请，得到帮助后记得说“谢谢”。家长要求孩子这样做的时候，自己也要如此行动。

路上见到小区熟人，见到同事，也要主动问候、打招呼，多多示范给孩子看。孩子看多了，练习多了，自然而然也会见人便打招呼。

2. 及时纠正孩子不礼貌的行为

我同学小帆在发现女儿丽丽的不礼貌行为时，不仅没有严肃、坚决制止，最后还总是放纵丽丽而放弃自己的立场。久而久之，丽丽才会变成这样一个“失教”的孩子。

我侄儿尚尚也是从小受宠长大的，小时候特别霸道。有一次，中午吃饭的时候，客人还没上桌，他看见有自己喜欢吃的菜，直接用手拿了一块鸡肉便吃起来。弟妹看见了，立即从他手上抢下鸡肉，扔进垃圾桶，并且用很坚定、威严的口气对他说：“你不能这样！”尚尚愣了一会，哭了。弟妹还是坚持自己的态度：“你要觉得委屈，你就哭一会儿吧，反正你不可以这样，这样没礼貌。”到了晚上吃饭的时候，尚尚小心翼翼地问妈妈：“我可以吃了吗？”弟妹耐心告诉他：“客人先动筷子，你就可以吃了。不要用手，要用筷子，如果你夹不好，可以请妈妈帮忙，好不好？”尚尚很受教地说：“好，谢谢妈妈。”

以前，我曾开玩笑说尚尚被宠得太厉害，弄不好会变成小魔王，谁料上幼儿园之后，尚尚在弟妹的管教下，竟然一年一个样，成了一个非常讲礼貌的好孩子。看到静云，他不仅亲热地叫“姐姐”，还非常乐意与她分享自己心爱的各种玩具。弟妹说，他现在还能礼让比他小的孩子，遇到别的孩子碰到他，他也不再打人，只是说：“没礼貌，你应该向我道歉。”

3. 教孩子换位思考，善待他人

我最喜欢用“换位思考”这四个字教育静云，并且为了让她理解这四个字的含义，我给她找了不少相关的绘本故事，一个一个读给她听，让她知道，如果我们想让别人怎么对待自己，自己就先要怎样对待别人。我们想要别人对我们有礼貌，当然先要我们对他人讲礼貌才可以。有时候静云会问我：“有的小朋友，我对他打招呼，他都不理我。还有一些小朋友，不小心撞到我，也不会说‘对不起’。”对于这种特殊情况，我会告诉静云：“估计是小朋友的爸爸妈妈忘记教他了，我们学过，就不要与他计较了，大家还是好朋友，好不好？”她会点头表示同意。

讲礼貌的孩子，走到哪儿都受欢迎。当孩子有了不讲礼貌的行为，家长朋友一定要高度重视起来，好好反省，尽快采取行动，及时给予正当教育，尽早使孩子养成讲礼貌的好习惯。

孩子耍赖成习惯，对付软磨硬泡就用这几招

孩子总喜欢与父母对着干，喜欢提无理要求，动不动发脾气摔东西，这些都是孩子耍赖的种种表现。孩子耍赖，父母首先要弄清楚他这样做的原因。就像医生看病一样，先查清病因，然后针对性治疗，病就容易好。

1. 孩子爱耍赖常见的原因

第一种，孩子想吸引父母的注意，得到父母的重视。特别是双薪家庭，父母都忙于工作，陪伴孩子的时间特别少，孩子想留住父母或者得到父母更多的陪伴与关注，很有可能会通过耍赖的方式来引起父母的关心与注意。我侄儿图图就是这样的孩子，父母每年回来看他两次，每次回来他都特别高兴。偶然的机会，他在学校犯错了，老师要求请家长，他见到了父母，打那次开始，他就经常故意犯错、各种耍赖，导致没法正常上课，最终转学到妈妈身边才好转。

第二种，孩子的耍赖行为曾多次获得好处。孩子的思维很简单，他通过耍赖得到过好处，他就会经常使用这一招来争取想要的利益。静云入园没多久，静云奶奶对我说："这孩子，每天放学都要去小卖铺买零食吃，不买就不走，我是没办法了。"闭着眼睛我也能猜到，静云放学后，第一次让奶奶买零食，奶奶买了，后来每天让奶奶买零食，奶奶不肯，她便坚持要

买，奶奶磨不过她要赖只好又买了。恰恰是这种最后成全她的行为，纵容了她一而再，再而三地要赖，最后到拿她没办法的程度。

还有不少家长因为打骂了孩子，孩子哭闹不休，他们内心感到愧疚，于是主动提出给孩子买他喜欢的零食或玩具来让自己内心好过一些，弥补一下破裂的亲子关系。每次都是如此，孩子就有可能故意与父母对着干，故意要赖，激怒父母，最终获得父母的“奖励”。孩子通过多次实践总结了规律，将“奖励”与“要赖”挂上钩，自然而然就会越来越撒泼，变得不可理喻。

第三种，父母立场不坚定，给了孩子要赖的条件。这样的场景即使不是发生在我们孩子身上，家长朋友也是经常可见的：在公园玩耍的时候，父母已经与孩子说好再荡 30 下秋千就回家，结果孩子已经荡了 30 下，又要求再荡 10 下，父母觉得是小事，没有按约定做，又让孩子荡了 10 下秋千，孩子很可能还会争取再荡 5 下。直到最后父母坚持要回家为止。一次、两次的放纵没事，如果父母经常如此没底线，孩子就会以为只要自己再争取一下，就可以再多玩一会儿，再争取多一点儿利益。于是，随着孩子一次次得手，要赖的习惯便慢慢养成了。

2. 父母的应对“招数”

第一招，温和的坚持加上少对孩子说“不可以”。当孩子“要”，我们说“不可以”时，就像孩子将一个球踢过来，我们又将球踢了回去，很可能会引起孩子下一轮更强烈的反击。还有极端的家长直接以非常暴力、野蛮的打骂方式镇压，孩子当时斗不过你，输了，可他心里却并不认同你的做法，同样还不能产生良好的效果。我对静云的无理要求采取的办法就是温和的坚持加上尽可能避免说“不可以。”

当我知道静云放学后要赖要吃零食才肯回家后，我主动请缨接她放学。当我们走到小卖铺门前时，她果然像奶奶说的那样，迅速跑进了小卖铺。

我站在小卖铺门口不出声。她回头看见我没有跟进去，拿了一盒饼干出来说："妈妈，我今天就吃这个，可以吗？"我说："按以前的约定，一个星期你可以吃一回零食，奶奶说你最近几天都吃了，所以，你还是放下吧，我们回家。"静云并没有放弃，试图说服我："妈妈，我们班的小朋友每天都吃零食，我也想吃。"我抱了抱她，安慰她："嗯。吃零食对身体不好，本来妈妈一点儿零食也不想给云云吃，就是因为零食太好吃了，妈妈体谅云云，所以才每周让你吃一回呀。我们回家吧！"小家伙居然还是站在超市门口不动，她想了一会儿，又使一招："妈妈，那我买点儿对身体没影响的零食吧，比如牛奶、水果什么的，买瓶矿泉水给我喝也好啊。"我知道这时候如果让步，就是再一次加强她要赖的习惯。我微笑着坚持原则说："我们回家喝水吧，家里也有牛奶和水果。"静云突然情绪低落起来，极不情愿地拉着我的手往回家的路上走去。

第二招，拒绝孩子要挟，鼓励孩子用正确、积极的方式争取想要的东西。孩子耍赖无非就是要挟家长，如果达不到他的要求就一直哭闹或者生气。家长千万不要碍于面子满足他。家长要怎么办呢？我们要明白自己的立场，让孩子通过耍赖的方式达到目的就是在害他。我们可以鼓励孩子以正确的方式争取自己想要的东西。例如，孩子在超市想要买某个玩具，抱着玩具不肯放，又是哭又是闹，甚至很有可能引来众人的围观，怎么办？家长这时候一定要有耐心，我们可以对孩子说："我们就在这儿坐一会儿吧，你好好看看这儿哪个玩具你喜欢。如果接下来 30 天，你在家表现好，妈妈就把这个玩具奖励给你。"家长要让孩子知道，奖励是给"好表现"的，而不是给"耍赖"的。

第三招，对于确实不能满足的要求，家长要立场坚定，给孩子讲道理。孩子耍赖的过程也是试探家长底线的过程，孩子想着是不是再哭久一点，哭大声一点，或者脾气再大一点家长就会认输呢？如果家长立场十分坚定，孩子的气势就会慢慢弱下来。我们要严肃地告诉孩子："妈妈不喜欢你哭闹的行为，天黑了，我们确实要回家了，你冷静一下，我们再走。"习惯了耍赖的孩子可能还要哭闹一阵，如果家长始终坚持立场，孩子就会感受到父母说的是认真的，是不会顺从他的要求的，孩子自然就不会再继续耍赖了。

每个孩子在要求得不到满足时，难免都会有一定的小情绪，家长要看懂孩子的需要，坚持立场，用冷静、理智的态度引导孩子，让他们以正面、积极的方式争取自己想要的东西，而不是用耍赖的方式。

Kindergarten

第八章

培养独立、自信、负责的高情商孩子

从孩子脱离母体开始，他的整个成长过程也是与父母分离的过程，一定限度内，这种分离越早，对孩子的成长越有好处。

父母应该为孩子提供一个宽松的成长环境，让孩子学会自己的事情自己做，自己的问题自己解决，自己的人生自己负责。

让孩子学会独立，是幼儿园3年最重要的一课

蒙台梭利曾说：“任何教育活动，如果对幼儿教育有效，就必须坚持帮助幼儿在独立的道路上前进。”幼儿园3年最重要的一课就是：让我们的孩子学会独立。老师以这个为教学目标，家长如何做好相应的配合工作呢？

1. 尽可能让孩子自己动手，自己的事情自己做

静云上幼儿园后，最喜欢说的口头禅便是：“我要自己的事情自己做！”她养了八只鹦鹉，养了一群小鱼，种了好几盆植物。她每天坚持给小动物换水、喂食，早晚给植物浇水、定期施肥，干得非常不错。她在这边干活，静云奶奶在一边数落：水洒在客厅了，谷子撒出来了，鱼食喂太多了……静云总是乐呵呵地回答：“奶奶，你不要担心，妈妈说了，我自己多做几次就好了，我不需要你帮忙！”

孩子大多到了一定年龄就会对一些事情产生兴趣，他们想自己动手做，只要家长给予鼓励与指导，包容他们尝试时犯下的错误，孩子动手的能力就会越来越强。

静云刚开始叠衣服的时候总也叠不好，奶奶对她说：“你还太小，让我来吧！”静云委屈地跑到我身边说：“妈妈，我想学习叠衣服，你觉得我可以吗？”我鼓励她：“你当然可以！”奶奶又在一旁说：“她太慢了，教她的时间早就叠完了！”静云一副不知道要不要叠的样子，我把叠好的衣服拆开一件，示范了一遍给静云看。她照着我的样子做，却总是叠得这边歪了，或者那边不对称，反复几次之后，她沮丧地说：“看来，我真的太小

了，叠不好衣服！”我见此，没有放弃这个教育机会，而是看了看衣柜，特意挑选了一件质地硬一些，更好折叠的小件衣服递给静云说：“学习东西要有耐心，妈妈相信你，你可以叠好的。要不，你再试三次，如果还叠不好，妈妈下次再教你，好不好？”结果，静云又试了一次，这一次她将衣服叠得同我叠出来的一个样。她高兴得手舞足蹈，还特意把叠好的衣服小心翼翼拿去给奶奶看，自豪地告诉奶奶：“奶奶，你快看看，这是我叠的，没有妈妈帮忙哦，你感觉怎么样？”奶奶大笑说：“唉呀，我们云云叠得真好，让奶奶大开眼界了！”

家长要多给孩子机会，只有让孩子多动手，他们自理能力提升了，才能慢慢独立。

2. 分配任务给孩子，允许孩子提问与选择

静云奶奶是一个非常勤劳的人，家里事无巨细都是她亲自操办。而我就不同了，只要静云可以做的事情，我都会分一些任务给她，让她去做，如果不懂怎么做，她可以问我。当然，她还可以选择做哪些，不做哪些。

静云在幼儿园的3年，在家的时间，我每天都会给她一项小任务，经过我的有意训练，她学会了做大部分的家务：洗碗、洗菜、扫地、拖地、洗衣服、叠衣服、叠被子、晾衣服等等。出门在外的时候，需要与人交流时，像问路、问价、问菜单等等事情，我都会将任务交给静云，她也能轻松地完成得不错。后来，我还把钱交给静云，让她自己买冰激凌吃。每次我都会给她十元，而静云的冰激凌大多是几元一个的，这样就会涉及找零的问题。我会提前让她自己算好要找回多少钱，然后再让她独自去店里购买。结果她有好几次拿了冰激凌边走边吃出来了，完全忘记了找零的事，弄得小卖铺老板跟在后面追。面对静云的不好意思，我还是那句经常说的话：“多试几次你就会熟悉了，到时候你就会记得找零了，妈妈相信你能做好的！”后来，她当然不负我所望。

3. 不要过度保护孩子，让孩子面对挫折与失败

每个孩子都是家长手心里的宝，家长都不希望孩子被磕碰或者受委屈。可是，我们什么都不让孩子做，孩子什么都不会，要买啥就买啥，以后他将如何独立于这个社会呢？我想大家更不希望看到孩子如温室里的花朵，一吹即倒吧。所以，我们不要过度保护孩子，要懂得放手，让孩子去经历挫折与失败，在这个过程中教他们如何积极应对才是最好的保护。

静云做手工时，摆在画纸上的树叶总是掉，反复几次之后，她变得不耐烦了。一边发着脾气把画纸摆好图案的树叶拔掉往地上扔，一边大声嚷嚷："这太难了，双面胶根本就粘不住这些树叶，老是掉，烦死我了！我做不了，不做了！"

其实我就站在旁边看，一直没出声，也没有阻止她发脾气。静云看我没有走过去帮忙，就起身走过来，抱抱我，指着被她弄得乱糟糟的画纸说："妈妈，这太难了，不如你帮我做吧！我们学校很多孩子的手工作业都是爸爸妈妈做的！"我摸摸她的头，把她抱离了现场。我把静云抱到鹦鹉那儿，示意她先喂一会儿鸟。静云不安地说："我的手工作业还没完成呢！"我笑笑："对啊，我知道你手工作业没完成，可是发脾气也不能解决问题呀！你刚才有没有发现，乱发脾气只会把脑袋弄得一团乱，并不能想出好办法。不如这样吧，你在这儿陪鹦鹉玩一会儿，冷静下来想一想，或许可以想到办法把树叶粘得更紧一些。家里除了双面胶、透明胶，还有针线，可能还有其他材料，你想想看，用哪些比较好？"静云听后，立即又投入到她的手工作业中去了，不声不响就做出了一幅手工作品，并且后来还被老师选中，挂到了幼儿园展览板上。

引导孩子正确面对挫折与失败，养成良好心态，孩子就能无所畏惧，不断前进了，这不也正是我们期望看到的吗？

4. 家长要与孩子一起，共同成长

我在一次幼儿园的家长会上，听到园长说的一席话，觉得很受用，这里也分享给大家。

园长说："家长与孩子一样，都要独立，都要成长。当孩子在学习、在认真写作业的时候，家长千万不要傻傻地坐在旁边陪着，也不要一直翻看手机，而是应该做一些提升自我的事情。例如读读书，练练书法或者做做手工都行。孩子在努力成长，我也希望看到父母不断进步。"

是的，家长与孩子一起共同成长，这才是一个家庭最好的模样。

从分房睡开始，给孩子独立的时间和空间

静云表弟尚尚从小由尚尚的外婆带着，一直同外婆睡。外婆为了照顾好他，怕睡觉时挤着他，就让尚尚外公睡儿童房了。尚尚 5 岁多了，还一直黏着外婆，什么事都叫外婆帮忙。尚尚妈妈多次提出，应该让尚尚去睡儿童房，可是却被拒绝了，外婆的理由是：孩子还小，喜欢踢被子，自己又不会盖，容易感冒。其实，孩子只要满了 3 周岁就可以试着与他分房睡了，并且让孩子拥有独立的时间和空间，可谓好处多多。

1. 分房睡，可以锻炼孩子的独立性

孩子如果分房睡，就有了一个属于他自己的空间，家长可以教他将房间的东西摆放整齐，叠被子、收拾衣服，打扫房间，学会自己照顾自己。只有家长多鼓励孩子自己来，孩子才能尽快学会生活自理，慢慢独立起来。

我外甥四五岁时，觉得与爸爸、妈妈挤一起睡很不舒服，于是主动要

求分房睡。爸爸妈妈虽然很惊讶他的决定，但是想让他试试，结果呢，他也会踢被子，冻醒后他会自己再把被子盖上。不仅如此，虽然妈妈没要求，他还悄悄学会了整理床铺，收拾房间。从爸爸妈妈惊喜的眼神中，他变得越来越独立，自理能力也越来越强。

2. 分房睡，可以让孩子变得更勇敢

静云 4 岁多时，我提出让她睡自己的房间，她惊讶地说："不是吧，妈妈，我怕黑啊！"我鼓励她："天黑了，睡得更香呢，有什么可怕的呢？"她认真严肃地说："难道你不怕怪物吗？在黑黑的地方，说不定就有一个大怪物。我才不要一个人睡！"

我并没有强迫她马上分房，而是在图书馆借书时，有意挑选了一些关于小朋友怕黑、怕怪物，不肯分房睡，到最后勇敢起来，认为自己一个人睡更舒服的故事讲给她听。

故事听多了，静云主动说："妈妈，今天晚上我到自己房间睡吧，不过，你可不可以到我床上陪我睡一会儿？"我欣然答应。到了晚上，静云早早洗漱完毕，到了自己床上。她一个劲儿叫："妈妈，你快点儿来啦，今天我自己睡，我想早一点儿睡！"我赶紧忙完，陪她一起睡，不一会儿，静云就睡着了。

第二天，静云对我说："妈妈，今天你也陪我睡，如果我睡着了，你就可以走了。慢慢我就可以自己睡了！"我高兴地点头同意。

第三天，静云想了想说："妈妈，你今天晚上给我读个睡前故事，然后你就可以走了，我想看看到底这世界上有没有怪物，如果我真的看到怪物，就会跑去妈妈房间哦，可以吗？"我一边笑一边答应她："可以的，那你好好睡吧！"不一会儿，我再悄悄去看时，静云睡着了，只是灯还开着，我悄悄替她关了灯。第二天天刚亮，静云就来给我们报喜，她兴奋地说："爸爸妈妈，我告诉你们一个秘密，其实晚上根本就没有什么怪物，看来这真是骗小孩子的，我再也不怕了！”

是的，静云克服了怕黑，战胜了对“怪物”的恐惧，终于可以分房睡了，她似乎又长大了一些。

3. 分房睡，不易受他人影响，更方便养成好习惯

幼儿园的孩子有一套自己的作息时间，即使起床时间与我们上班时间一致，他们的睡觉时间通常都应该比我们早。如果大人孩子睡在一起，父母不睡而是有各种活动，孩子也是很难入睡的，一般也会陪父母熬夜到很晚。如果孩子分房睡，就可以晚上八点半或九点准时上床睡觉了。

还有一些孩子回到家里写作业或温习幼儿园学到的内容时，家长就在旁边看电视。被电视声音吸引，孩子写一会儿，回头看一眼，本来十几分钟可以完成的事情，硬是拖了两个多小时才做完。长此以往，这种不良学习习惯，到了小学将会成为家长与孩子的一场灾难。

家长可以将孩子的写字桌搬进儿童房，孩子放学就可以走进自己的独立空间，自己安排时间自主学习，不易受他人行为影响，往往更容易养成好习惯。

最后，每个孩子的生长发育都有个体差异，什么时候适合分房睡还必须根据孩子发出来的信号来定。

孩子已经有了性别意识，会以“女孩”或“男孩”自居。这时候父母就可以顺水推舟，鼓励孩子分房睡觉。

孩子可以独立自处了，父母工作，孩子可以自己找乐子，自己午睡等等。这时候父母完全可以让孩子分房睡觉了，孩子也能很好地适应。

孩子太过依恋父母，整天黏着，要父母抱，父母牵，一刻也离不开父母。为了方便孩子入园后更好地生活，家长也应该与孩子分房睡，鉴于孩子自身情况，也许他还没有做好分房睡的准备，父母可以先安排孩子分床睡，等孩子准备好后再分房睡就容易多了。

正向肯定与信任：帮孩子找到自我价值感

静云的幼儿园老师很注重孩子习惯的培养，时不时会将一些习惯不太好的孩子留堂几分钟，让孩子自我反省，下次改正。家长就在教室外面等待。我陪静云在学校外面玩耍，常常听到家长们的议论，我发现一个有意思的事情，这些孩子的父母都对自己的孩子很失望。

有位家长说："我们家的孩子从小就是我自己带的，为了陪伴他成长，我一天到晚忙个不停，就没有好好休息过一天。他脾气倔得很，自以为是，我说什么都顶嘴，我每天都要揍他，打都不改，我实在是没办法了。"

另一位家长说："我们家那个更不听话，浑身都是坏毛病，自理能力差，不讲礼貌，专注力太差，还喜欢打其他同学。每天都害得我被老师说，太让我丢人了！"

旁边又有一位家长接话说："现在的孩子是不是都这么难管啊，我们家那个，我想起来就来气，做错事就只知道哭，哭完下次又继续错，就不知道改一改？"

听听，这些家长给孩子的全是负面的、不信任的评价，我从头到尾没有听到一个肯定孩子的评语。孩子来到世上，最亲密的人就是父母，如果父母认为孩子什么都不会做，做什么都不行，那孩子也许真的就会朝这个错误的方向发展，并且这个方向还是父母日复一日"指引"他走出来的。

大家也许听过"皮格马利翁效应"，这个理论的核心内容就是说明暗示的力量非常强大，尤其是自己信任的人。用到我们的家庭教育上，如果父母总是指责、否定你的孩子，那你的孩子也会自暴自弃，成为你口里预言的样子。反之，如果父母总是相信并鼓励你的孩子，他也会成为你期待的样子。

静云是与堂哥图图一起成长的，堂哥人很聪明，可是很多习惯却不太好。静云总在模仿哥哥的样子，例如打赤脚在大厅里乱跑，生气时关着门摔东西吸引别人注意，等等。我知道我必须制止她这么干，可是如果我单独责骂静云，她也会不服气。有一次，我对她说："云云，你穿上鞋子好不好？"她反问我："为什么哥哥打赤脚，你又不说！"我把她拉过来，抱在怀里，一边给她穿鞋袜一边说："云云，妈妈在猜你这么小，能不能分辨什么是好的习惯，什么是坏的习惯，我觉得你应该分得清了，你觉得呢？"静云机灵地笑了笑，说："妈妈，打赤脚就是坏习惯。"我对她竖起大拇指说："对，打赤脚就是坏习惯。有主见的孩子可以抵抗坏习惯的传染，你觉得你可以吗？"静云歪着头问我："主见是什么东西？"我认真向她解释："主见就是只做自己认为正确的事情，即使你的好朋友、你的哥哥做了不对的事情，他们让你参加，你认为不对，也可以对他们说'不'。""好的，妈妈，我懂了。"静云终于一整天都没有打赤脚。晚上睡觉时，我鼓励她说："云云真不错，今天知道打赤脚是坏习惯后，一天都穿着鞋子，要是以后都像今天这样就太好了！"她满口答应我。

第二天，我又看到静云同哥哥一大早起床就打赤脚到处跑。看到这一幕我好想捉住她一顿训斥。可是我努力管住了自己的嘴，尽量用平和的语气对她说："静云，妈妈觉得你是个有主见的孩子哦！"一边说，我一边指了指她的小脚丫。她不好意思笑笑说："妈妈，我马上穿鞋。"

第三天，依然是两兄妹光着脚丫在地板上到处跑。我甚至都有点儿想试试把她一顿狠揍，看她能不能记住了。转念想想，幼儿园的孩子又有几个可以这么快改掉一个坏习惯呢，再说旁边还有一个坏榜样，注定我要付出更多的努力才会有效果了。这次我什么也没有说，只是拍拍她的头，指指她的脚，她就懂了，跑去穿鞋了。就这样，在我的鼓励声中，她慢慢记住了要穿鞋，不再打赤脚了。

我见这方法不错，便反复在静云身上使用，她是个爱与人交流的孩子，我一直担心她会控制不好，出现上课讲小话的情况。没过多久，我的想法便应验了，有一天她放学后回到家里告诉我："妈妈，我今天上课讲小话被老师点名批评了。"我问她："你为什么上课要讲小话呢！"她竟表现得毫无愧色，很淡定地说："我好朋友也讲小话了呀，我只是陪她说话。"我先肯定她说："嗯。看来你还挺照顾你朋友的感受呀。只是，你觉得上课讲小话对不对？"她回答："不对！""是的，上课讲小话不对，那如果下次你有好朋友上课同你说话，妈妈相信你可以对她说"不"，然后一起认真听课的，对不对？"我开始引导她改正这个坏习惯，她愣了愣，若有所思，然后说："如果我不陪她说话，她不同我做好朋友了，怎么办？"我安慰她："云云，你下课了可以找她好好聊聊，告诉你的好朋友，上课讲小话不对，你们一起改正这个坏习惯。我相信你的朋友会同意的，也不会放弃同你继续做好朋友。"

第二天，放学时分，静云迫不及待跑到我面前，笑得格外开怀地说："妈妈，今天我的好朋友上课又找我说话，我没理她。下课时，我把你教我的话对我朋友说了，她说以后她上课再也不讲小话了。我们还是好朋友！"我大力表扬她们："你们真棒，知错就改，都是好孩子。"

很多时候，孩子做错事，更多的只是因为好奇，他们并不知道这种行为是不好的。家长千万不要急着给他们贴标签，或者反应过度地指责孩子，完全不顾他的感受。我们一定要冷静平复自己的情绪，管好自己的嘴，我们要相信孩子本来并不是这样子的。试着换一些肯定孩子的话，鼓励他改正错误，哪怕改正的过程中又继续犯错。家长只要坚持继续相信他，鼓励他，孩子就会找到自我价值感，真的成为我们期待的样子。

教育孩子：既然错了，就要勇敢面对

勇敢面对错误，不仅是孩子人际交往的必要技能，也是孩子敢于承担责任的一种表现。回想我们小时候，每次犯了错误，第一反应就是害怕父母知道后会怎么想，怎么责罚我们。特别是有的家庭只要孩子犯了错误，就又打又骂，孩子自然不愿意再一次体验这种糟糕透顶的感受。那么怎么办呢？首先，最容易想到的当然是撒谎。例如，花瓶碎了可以怪家里的猫，东西吃掉了可以把责任推到旁人身上，等。遇到不好推脱的错误，如“身上沾了一大块墨汁”，怎么办呢？撒谎行不通，我们就会想到逃避，把衣服藏起来，或者索性晚一些回家，能避一时是一时。

如今面对我们自己的孩子，我们又要怎么做才能让孩子不撒谎，不逃避错误呢？

1. 家长的包容与理解，更利于孩子勇敢承认错误

静云喜欢画画，在学校上了一堂水彩画课后，她回到家里悄悄把哥哥的水彩笔取出来，一顿酣畅淋漓地即兴发挥。当我回到家，惊讶地望着她的时候，她下意识看了看自己身上五颜六色的印迹，再看看地上满地的画纸、颜料笔，她知道可能自己错了，没顾得上同我打招呼，赶紧说：“对不起，妈妈，我不小心把水彩弄身上了，也不应该乱扔纸。”我走过去陪她一起捡地上的画纸，一边捡一边欣赏地说：“呀，看得出你真的好喜欢画画呀，并且这些颜色用得好丰富呀！”静云赶紧走过来告诉我，她都画了些什么。我鼓励她说：“云云，妈妈觉得你要是把这几张都画在一张纸上，可能会更漂亮，你要不要试一试？”她欣喜地答应，又开始画起来。

老公随后也进门了，看到这样的场景，惊叫起来，正打算责骂静云几句，被我拦下了。等静云画完后，我心平气和地对她说：“云云，为了支持你更用心地画画，妈妈决定一会儿去超市给你买个围兜，以后你画画的时候就不会弄到身上啦！另外，妈妈希望你每张纸画得再丰富一些，不要画几笔就扔了嘛，这样很浪费纸哦，就算是大画家也不会这么浪费的。”静云不好意思地笑了。

孩子阅历浅，动作准确性差，犯错是难免的，如果家长可以多包容与理解他们，尽量用平和的语气与态度去处理孩子的错误，那么孩子就不会害怕承认自己的错误了。更重要的是，在这种友好的气氛下，你的建议，孩子往往更容易接受。

2. 家长要让孩子知道人人都会犯错，犯错是正常的

有的孩子，他们并不是害怕承担犯错的后果，父母也非常开明，可是他们仍然选择逃避。因为在孩子看来，犯错不仅是不好的行为，还代表着犯错的人是笨蛋，是无能、失败的人，他们只想让父母看到自己好的一面。孩子对错误的误解会让他畏惧错误，不敢承担责任，长此以往，在这种错误观念引导下，孩子是很难正常学习与健康成长的。所以，家长一定要引导孩子正确认识犯错行为。

虽然我对静云要求比较宽松，可是她对自己要求却很高，喜欢追求完美，一点儿也不想错，做什么事情都特别较真，从第一次写字、第一次画画就可以看出来，我时不时就在她耳边吹吹风：“云云，每个人的成长都不是一条直线向上的，都有曲折，人人都会犯一些错误，哪怕是世界上最聪明的人也是如此。大家都是一边摸索、一边犯错、一边前进的，特别是像你们这些幼儿园的小朋友，要学习的东西太多啦，面对自己不太熟悉的事情，刚开始犯点儿错是正常的，吸取经验教训，继续努力就一定可以做好的。有时候累了，还可以休息一下，下次再来。”刚开始，她不怎么理睬我，犯了错误自己默默解决，不想让我们察觉到她犯错了。后来，慢慢地，她不再那么焦虑不安了，遇到自己失手把爸爸陪她一起做的手工作业搞砸的时候，她会对我说："妈妈，小孩子想事情没那么周到，这是常有的事，对不对？我刚想加点儿东西上去，不小心把好不容易做好的手工作业弄坏了，真抱歉。"我回应她："嗯。那就只能辛苦你们再来一次咯，这次有经验了，我相信你们一定可以做得更快，更好！"她拍手称好，还要求把更多的任务交给自己。

3. 家长的奖惩与评价，影响着孩子以后能否直面错误

我有一个脾气暴躁的爸爸，而我又是一个特别好动且倔强的孩子。因为调皮，我经常犯错，爸爸很少骂我，都是直接找根小棍子打我的手掌，有时候气愤极了，还会抽打在我身上。那时我们邻居好像也是用这种粗暴的育儿方式教育孩子，孩子犯错必须打，很少能逃过一劫。尽管这样，我还是坚持承认自己的错误，绝不撒谎或逃避。

爸爸虽然脾气不好，可是为人很正直，虽然我承认错误后，他还是抑制不住愤怒打了我，但是事后，他总会这样对我说："你是个诚实的好孩子，将来一定可以成为一个正直的人！"并且，一家人一起看电视的时候，爸爸看到那些特别正直的人面临种种诱惑或者困难都坚持本心时，他就会说："看，这就是好人，我们要做这样的好人，即使明明知道会要承担严重的后果，可是为了正义，依然这么干。"有时候爸爸还会开玩笑说："你就像古代的忠臣，明明知道承认错误我也会打你，还是会承认错误，爸爸喜欢你这样的孩子。"正是爸爸有意或无意对我勇敢承认错误的正面评价与肯定，让我从心底想做一个正直的好人，哪怕直面错误需要承受一顿打，我仍然坚定这一点。

我觉得爸爸这种家教理念有一定的好处，所以，我也将此用到了教育女儿上。绝大多数情况下，我都能心平气和地面对静云的错误，鼓励她，然后陪她一起面对与解决。可是有时候，我还是管不住自己的坏脾气，我发怒了，责骂了她几句，事后，我就会把她外公教我的这一套拿出来说给她听。我发现静云也很认可这一点，她懂事地对我说：“妈妈，虽然有时候你会骂我，可是你也是为了我好，为了我以后能够改正错误，对不对？”

4. 告诉孩子坦承错误的好处，并且要求他及时弥补错误

我们可以给孩子读绘本，也可以给孩子讲传奇人物故事，或者亲身经历，甚至还可以编故事，告诉孩子犯错其实也是一次学习的机会，并不那么可怕。让孩子学会担当责任，并且主动弥补错误。例如，孩子不小心弄脏了其他小朋友的衣服，要主动道歉，请求他人的宽容和谅解。如果是弄坏了小朋友的衣服，除了道歉，还可以通过与父母协商，做出赔偿等补救措施。

接纳与示范，训练孩子健康表达自我情绪

我很喜欢《中毒的父母》这本育儿书，这本书让我明白了一个道理：我父亲脾气差，所以我脾气差；我脾气差，所以我女儿很可能将来脾气也差。这些父母的“毒”是可以一代一代遗传下去的，并且很难改变。

当我意识到这点时，我很震惊，也很庆幸，庆幸自己在静云出生后不久便知道了这个。于是，我下定决心，要打破这个坏的传承，我要通过接纳与示范，训练我的孩子积极、正面表达自我情绪。我在老公的配合下，通过以下三种方法来增强孩子的自控力，并且很有成效。

1. 让孩子知道父母也有情绪，发怒是正常的，关键是要懂得用正面的办法平息自己的怒火

中午时分，静云爸爸在房间接了一个客户电话，为了防止别人打扰，他特意关了房门。婆婆做好午饭后，让静云去叫爸爸吃饭。静云推开房门，

大叫一声："爸爸，吃饭了！"见爸爸没反应，她又跑过去大叫。结果静云爸爸的客户听到有孩子的声音，便谎称有事挂了电话。

静云爸爸回过头来冲着静云大吼："吃什么饭啊，你没看见我在打电话吗？"静云被这突如其来的斥责吓得只敢小声嘀咕："爸爸，是奶奶让我来叫你吃饭的。"静云爸爸怒气未消，继续发难道："你怎么这么不细心呢，你没看见我关了房门吗？之前不是教过你，如果房门关了就不要打扰吗？你说说看，为什么这么不记事！"紧接着，我听到了急促的脚步声，然后看到静云跑来我房间趴在被子上哭起来。哭了一会儿，还愤怒地把我书桌上的书给扔了一地，甚至还踢上一脚。

我本想责骂她几句的，后来想想，孩子还小，这次被爸爸骂得也有一些委屈。于是，我走过去，拍拍静云的背说："刚才你是在大厅与叔叔玩疯了，没留意到爸爸在打电话，所以才会叫爸爸吃饭的吧？"她一边埋头在我们被子上抽泣，一边拼命点头。我安慰她："云云，妈妈知道你现在心里很委屈，你就在这儿趴一会儿吧。爸爸也不应该冲你吼，等他冷静了会向你道歉的。爸爸平时对你多好啊，这次只是因为你影响了他谈生意，心情不好，下意识发怒的，他是不喜欢你明明见到他关着门还冲进去的行为，心里还是爱着你的哟！我保证是这样的！"静云抬头看了一眼我，小家伙委屈得满脸眼泪。我从背后抱住她，把她翻身抱在怀里，柔声说："云云，心情不好的时候，哭一会儿或者自己安静一会儿就好了。妈妈陪着你。如果下次你不踢我的书就更好了。呵呵！"静云吸了吸鼻子，擦干眼泪说："妈妈，我感觉好多了。我没事了，下次我不会乱踢东西了。"

其实静云以前生气可没这么好安抚，我深刻反省过自己，我认为静云乱发脾气是受我的影响，我深知自己脾气暴躁，当我快控制不住自己的怒火时，我会离开一会儿，我总是尽量克服自己的坏脾气，并且我会让她知道，我正在生气，也正在使用一些积极的办法来化解我身上的负能量，慢慢平息怒气。我不想成为静云心目中不可触犯的威严母亲，只想做她的大朋友。所以，我会让她明白父母同她一样，有情绪、有脾气，我们也在努力寻找更好的解决办法。

2. 父母情绪失控后，要主动向孩子道歉

有一次，静云带了两位幼儿园的同学回家，她把自己的玩具都拿出来分享给同学玩。大家玩得很高兴，还一起在家里共用了晚餐。同学回家后，我问她："云云，你们今天有家庭作业吗？"她居然告诉我："好像没有吧！""到底有还是没有？"我语气严肃起来。静云问我："妈妈，你能不能看看家长群，看看老师发的作业是什么？"我一听，也不知道哪来的怒火，严厉地吼起来："作业是你的事，你上课不记，还想让我查，办不到！"静云坐到写字台前，把书本拿出来，一本正经写起来。半晌，我走过去一瞧，发现她写的作业并不是老师布置的，并且已经工工整整写了满满一页纸。我怒气更大了，就在我准备再冲她一顿指责时，突然意识到自己这样做并不妥，我应该以平和的态度来解决这个问题。

悄悄地，我坐到了静云身边，拍拍她的肩膀说："云云，对不起，妈妈没有控制好自己的情绪。我刚走开冷静想了想，我觉得发脾气并不能解决问题，应该好好和你说的。"静云点点头说："妈妈，我下次一定会记住的，今天是想着同小朋友一起回家玩，太开心了，我就忘记了。刚才妈妈生气了，我知道自己错了，我一直在等待，我就知道，妈妈一会儿就不生气了，就会好好同我说话。"

谁都有情绪失控的时候，特别是养育孩子的父母，可能前几分钟还因为孩子乐不可支，后几分钟就被孩子气得冒烟儿。面对孩子一次次的挑战，父母难免都会有怒骂甚至对孩子动手的时候，可是这么干并不能得到孩子的认可，还有可能激起孩子的逆反情绪，最糟糕的是，孩子还会模仿我们处理情绪的方式。所以，如果我们能够冷静下来，意识到自己错了，就诚恳地给孩子道个歉吧，孩子会原谅你，并且理解你的。

3. 用爱温暖孩子，爱可以化解一切愤怒

很多家长认为越是幼小的孩子越不好讲道理，因为家长讲的道理他们听不懂。他们只会沉浸在自己的世界里，要吵，要闹，要满足自己的需求。其实，未必如此。我这里有一个方法，尽管不一定适合每个家庭，但家长们依然可以作为参考，那就是父母用无条件的爱包裹她，我们可以把愤怒的孩子抱在怀里，多抚摸他的后背，慢慢帮他平复情绪。

静云看中了街边的小玩具，我拒绝买给她，她会不高兴好一会儿。我走上前几步，将她搂进怀里，亲亲她的脸颊，告诉她："云云，你控制一下自己的情绪，好不好？"有时候她会爽快答应不买玩具了。有时候她还会央求说："妈妈，我真的很想买！"我会把她抱起来，逗她玩，然后离开现场，一切就像没发生过一样。

类似的事情发生过很多次，像要吃小零食得不到满足，想要买这买那得不到满足，我都会用相似的方式解决，那就是抱抱她，亲亲她，逗她开心，告诉她我爱她，所以想让她养成好习惯，不乱买东西，不乱吃零食。在我的坚持下，幼儿园 3 年，她的自控力越来越强，习惯也越来越好。

最重要的是，静云很好地学到了我这一招，并且反用在我身上。当她不小心捉迷藏时拌到电线，把我的笔记本电脑摔到地上时，她会赶紧帮我捡起来，然后在我脸上狠狠亲一口，并且说句："对不起，妈妈，我真不是故意的。"当她晚上想在我们床上撒娇，我不同意时，她也会抱着我一顿乱亲，让我不得不说"同意"。

当父母诚心接纳孩子的好与坏，不断给孩子做控制情绪的正面示范时，孩子表达情绪的方式也会越来越健康。

培养孩子的自我意识和自我约束能力

随着孩子年龄的增长，他们的自我意识越来越强了，开始有了自己的主见。特别是到了入园初期的三四岁，也就是人生的第一个叛逆期，孩子会变得特别喜欢与父母对着干，不管父母说什么，他们都喜欢在前面加个“不”字。很多父母开始挠头，要怎么对付家里的“小叛逆”。其实，这是孩子成长的信号，表明他们的自我意识越来越强了。

那么，家长面对这一时期的孩子，要如何管教呢？

1. 要尊重孩子的诉求，给孩子一定的准备时间

我陪静云外出玩耍的时候，经常看到有的孩子与父母像斗牛一样，互不相让，家长一定要让孩子马上回家，孩子却非要继续玩，一个劲儿说“不”。双方僵持不下，孩子只好又哭又闹，父母也是一筹莫展。

我的解决办法其实很简单，提前 5 分钟让孩子做准备。

静云在堆积木，玩得正兴起时，我会温和地提醒她：“云云，还有 5 分钟就要吃饭了，你准备一下哦！”她也会积极响应，回答我：“好的，妈妈，我很快就去洗手。”

在户外玩耍的时候，只要一会儿，静云就能组织一群小伙伴做游戏。到了差不多回家的时候，我会提醒她：“云云，你再玩 5 分钟就要同小伙伴们说再见了哦！”大多数时候，时间到了，她就能同小伙伴们道别，同我一起回家了。可是，有的时候，她玩得兴起，也会征求我的意见：“妈妈，你看我们这场游戏还没有结束，估计还得再玩 5 分钟，你可以等等我吗？”我也会高兴地答应她的请求，她还会在我脸上亲吻一下表示感谢，然后痛快地再投入游戏。只要她启用了第二个 5 分钟，事后，我都会提醒静云说：“云云，妈妈最害怕见到这种局面出现，那就是云云玩了 5 分钟要求再玩 5

分钟，然后又要求再玩5分钟，没完没了。当然，妈妈相信云云的自控力，一定不会要求再玩第二个5分钟的，对不对？”事实上，静云不管玩得多开心，也只是偶尔向我申请多玩一个5分钟，从来没有继续要求再多玩一会儿。

理解孩子爱玩的天性，给孩子时间缓冲，得到我们尊重与理解的孩子往往也更愿意配合我们。

2. 用建议代替命令，让孩子学会自我约束

为了方便孩子养成良好习惯，我们可以给孩子制订一些家规，在教孩子执行这些规则的时候，最好不要使用命令的口气，如“不许把玩具扔得到处都是！”而是要注意使用平和的语气对孩子说：“我们用完的玩具应该怎么样呀？要记得收好放回原处，对不对？”

我试过对静云用命令或建议的口气说话，我发现，如果使用命令的口气，她会执行，但会表现出很不高兴，并且还会告诉我：“妈妈，有话你可以好好说啊，不要那么凶嘛！”其实，我发命令的时候与提建议的声调差不多，只是在孩子看来，也许命令就是不尊重他们，就是凶，他们就会产生不愉快的感觉。所以，后来我一直采用温和提建议的方式培养孩子的各种习惯，并且收到的多是孩子的理解与支持。

3. 让孩子做选择题，让他感受到尊重与约束

家长在对孩子提要求时，可以想出两个自己可以接受的选项让孩子选择。

静云很喜欢动漫人物贴纸，每次进超市都想买，并且还喜欢一次买很多张，但最终挑了几个喜欢的贴纸，其他都扔了。我想教她控制自己的行为，不要养成浪费的习惯。于是我对她说：“你可以买一张最喜欢的，也可以把家里不喜欢的贴纸拿去与同学交换，你选哪一个？”结果很有意思，她两个选项都选了，买了一张最喜欢的，回到幼儿园，又将自己不喜欢的贴纸与同学交换了不少她喜欢的贴纸回来，还一个劲儿向我炫耀。

很多次，为了提升静云的自我约束能力，我们还会给她这样的选择，如“如果现在马上吃草莓，你可以吃一小碗，这个星期都不能再吃草莓了；如果明天吃草莓，可以陪你去草莓园摘一篮子回来，你可以慢慢吃好几天，你选择哪一个？”静云通常都会选择后者，她乐呵呵告诉我：“我可以忍的，这样我可以吃到更多的草莓，还可以摘草莓，啊，我好喜欢摘草莓！”

4. 尊重也要讲技巧，不要给孩子太多的开放式选择

大多数家长都很想尊重孩子，给孩子尽可能多的理解与自由，所以，我们总是尝试着与孩子商量。如“你吃完饭再玩玩具，好不好？”“现在去刷牙，行不行？”面对这种提问，孩子大多数的回答都是令家长头疼的“不好”“不行”。接着，家长又会开始苦口婆心地讲一堆道理，孩子哪里听得进去。这时候，家长很可能会义正词严地说：“我真的是忍无可忍了！”于是，家长对孩子发脾气了，不是打就是骂。

尊重孩子，培养孩子的自我意识并不是要家长事事顺从孩子，更不是让孩子完全以自我为中心。父母要有自己的原则，在原则之内就要引导孩子服从。在原则之外，父母可以尊重孩子的想法。培养孩子自我意识的同时，一并培养他的自我约束能力，配合进行，才更容易取得理想的效果。

Kindergarten

第九章

幼小衔接的精髓：培养学习习惯与学习能力

从幼儿园以玩为主到小学以学为主，幼小衔接可以说是孩子人生道路上的第一个转折点。环境变化、学科任务加重，许多孩子会一下子不能适应。因此，幼小衔接工作至关重要。

如果家长为孩子做了充分、有意识的入学准备，从生活、学习、身心等各方面全面落实到位，孩子在挑战角色转变的时候就能轻松应对，拥有一个精彩的开始。

孩子要进入真正的“江湖”，请为他做好准备

孩子6岁到6岁半左右就要进入小学，有了之前的学前教育训练，从幼儿园过渡到小学，孩子也会有一些不适应。因为幼儿园的学习侧重于玩耍、游戏，而小学生侧重于学习知识，要求课堂上安静守纪，老师授课，以及与学生交流的方式看上去都会规矩多了，孩子要转变过来，还是需要做一些准备工作的。

1. 带孩子多去小学校园走走，与那些戴红领巾的孩子多打交道

我经常带静云去她堂哥的小学校园，同里面的小哥哥、小姐姐玩耍，还会分享零食给他们，与他们一起玩游戏。每当听到铃声响，孩子们一窝蜂从操场上消失，进了教室，静云就会有些小失落。我借机教育她：“你看小哥哥、小姐姐多棒啊，上课时间到就认真上课学知识，遵守纪律，不迟到。”

当静云对堂哥的红领巾感到好奇的时候，我也会教育她：“哥哥上课认真听讲，课后认真写作业，老师觉得他表现好，所以奖励红领巾给他戴，你要不要也戴一下看看！”她拼命点头。

同入幼儿园的准备一样，多让孩子了解小学生的作息规律、上课情况，让他有心理准备。孩子入小学有个优势，就是一般会有同班同学一起进入同一所小学，有朋友，适应起来也会快很多。

2. 教育孩子自己的事情自己做，提升生活自理能力

我送侄儿去读小学的时候，遇到一件有意思的事情，一个6岁孩子的奶奶每天从包里掏出几片尿不湿交给老师。只有这个孩子这么干，所以引

来一群孩子的嘲笑。我想不论是让哪个老师不定时去给孩子换尿不湿，他都不会高兴的。

还有一些孩子，自己的物品不保管，用完随手一扔，不见了就找老师。连铅笔断了也不会削，还得叫老师削。

孩子变成这样很多不是因为自己懒，而是家长没培养。你的孩子如果总是没准备好，很可能会一直拖后腿，被批评，被嘲笑，久而久之，性格就会扭曲，变得自卑。

3. 养成良好的生活习惯、学习习惯

家长在孩子读幼儿园的时候就要努力帮孩子养成良好的生活习惯、学习习惯。我们能做的事情就是尽早放开手，让他们自己去做。

（1）自己按时吃饭，不拖拉；

（2）自己穿衣、系鞋带；

（3）自己上洗手间；

（4）必要劳动技能的学习，如擦桌子、洗碗、摘菜、拖地等。小学生很可能在学校也要分担一些劳动，到时候不至于孩子什么也不会；

（5）自己的玩具与学习用品用完及时收拾；

（6）回到家里先做作业再玩耍；

（7）遇到问题尽量让孩子自己解决；

（8）适当提升孩子的自控力，如定时看电视、到点睡觉。作息时间越严格，入小学时越能顺利适应。

4. 锻炼孩子的社交能力、沟通能力

许多家长对我说，自家孩子胆小、内向，或者在家里是霸王，出门就成哑巴了。这其实不能怪孩子，而是他们缺少锻炼的机会。

最好的办法就是带孩子走入人群中，让他去找玩伴，引导他如何与玩伴相处。让孩子与同年龄的小朋友玩，成为他们的领导者；也可以让孩子去找小哥哥、小姐姐玩，尝试加入他们；遇到摩擦与问题时，家长要引导孩子往好的方面思考。如：别的孩子在玩滑梯时不小心踢到静云，她哭着跑过来拉着我的手说："妈妈，我要回家，我不玩了！"如果这时候，我带孩子回家，下次她还会遇到类似问题，是不是要一直逃避下去呢？我就会告诉她："宝贝，过来，让妈妈抱抱你！刚才那个上面的小朋友滑得太急了，才会不小心踢到你的，妈妈相信他不是故意的，我们就原谅他吧，下次我们自己也注意一下，小心保护好自己就行了，好不好？"静云反问我："他错了，为什么没向我说'对不起'？"我再告诉她："因为那个小朋友可能觉得静云是大方的孩子，不会计较这点事啊，我们就原谅他吧！好不好？"这里切忌把其他孩子描黑，说别人"没家教""不善良""可恶"，等等。家长这样描述，孩子就会变得排斥与人交往，会失去更多乐趣。

5. 保护孩子的学习兴趣，改善他们的学习方法

上小学了，有了考试，家长对成绩变得十分敏感，仿佛这成了孩子在学校学习好坏的晴雨表。这样的关注很不可取，会打击孩子的学习积极性，也会破坏他们对学习的兴趣。

如果孩子哪里没学好，家长可以耐心向孩子了解一下，到底是什么原因没学习好，看看孩子的学习方法是否正确。当然，也可以提前教孩子一些不错的学习方法，例如：侄儿数学考试每次总是丢一两分，我记得我小时候也是这种情况，即使我是第一名，家人也会责怪我不应该粗心丢掉那一分。我会告诉侄儿："伯母以前也会因为粗心丢分，后来我养成了答完题检查一遍的习惯，我答对的概率就越来越高了。我希望你每次做完题，养成快速检查一遍的习惯，减少出错率，好不好？"这里注意了，我们教孩子学习方法，不是为了让他们次次拿满分，家长不要给孩子满分压力，他们学得好很重要，学得开心更重要，否则孩子的小学会成为一场又一场分数的噩梦。

6. 最后，让孩子养成爱阅读的习惯

阅读课外书籍并不是为了给孩子考试加分，也不是为了让孩子多认识几个字。养成爱阅读的习惯，可以让孩子在书本里了解到自己的不足，认识世界的广袤无垠，让他们通过阅读，喜欢读书，渴望提升自己的技能与知识面，懂得在书本中弥补自己的不足，并且终身受益。

学习、生活、社交、礼貌，一个表格轻松搞定

我非常喜欢用表格的方式处理问题，简洁明了，并且非常有效果；更重要的是检查核对起来十分方便，孩子自己也可以对应检查，自然动力更足。

1. 学习

家长可以在表格中列出希望孩子养成的学习能力、学习习惯，还有一些相关的综合能力，甚至家长还可以列出孩子需要当天或本周掌握的知识点内容。可以一周一个表格，一天填写一次，也可以一个月一个表格，几天填写一次，最好是固定时间，效果更好。

表 1　学习自立检查清单

项目	完成情况（是／否）
上课认真听讲	
看书、写字坐姿端正	
爱护书本及学习用具	
每天阅读 15 分钟	
在家自主完成作业	

我在一个小学的托辅机构学习过，里面的每一个学生来自不同的学校，学习成绩也是参差不齐，但是基本都可以自主学习、自主完成作业。托辅老师就是用一个表格来判断的，表现好的还可以获得积分奖励。凭积分可以找老师兑换小礼品，学生都争先恐后想要表现好，大部分学生还能超额完成任务，相当不错。只要家长坚持像托辅老师一样用表格陪孩子养成良好的学习习惯，以后您与孩子都会轻松很多。

2. 生活

家长要帮孩子养成自立的习惯，尽量自己的事情自己做，越早学会越好。如果以前家长代劳太多了，也必须赶在入小学之前，赶紧替孩子补补功课，尽早让孩子学会与养成良好的生活习惯。

表 2　生活自立检查清单

项目	完成情况（是／否）
自己穿衣、穿鞋袜	
自己洗脸、刷牙、漱口	
自己大小便，便后洗手	
会洗简单衣物，如袜子、小手帕等	
学会使用剪刀、铅笔刀	
能自己整理文具、书籍	
会扫地、洗碗、擦桌子	

3. 社交

幼儿园对于孩子来说是一个小社会。孩子与人交往，自我意识、礼貌水平、沟通能力、交往能力如何呢？家长也可以有针对性地列个表格给孩子规范化锻炼与培养。

表3 社会交往检查清单

项目	完成情况（是／否）
会使用礼貌用语（“谢谢”“再见”“对不起”“请”等）	
能客观评价自己的行为	
能客观评价他人的行为	
能用语言、身体姿势、画画、数字等与人沟通	
做错事，会有羞愧感	
能设身处地为他人着想，能体谅他人	
能分清他人与自己的东西	
可以自觉遵守规则	
乐于与他人分享零食、故事等	

4. 礼貌

孩子是不是讲礼貌真的很重要，进入小学，那些讲礼貌的孩子也更容易给老师留下深刻印象，博得老师和同学的好感，可以说对孩子将来的影响非常大。家长可以通过表格来培养孩子讲礼貌的好习惯，如果孩子表现好，就奖励他一朵小红花吧。

表4 礼貌检查清单

项目	完成情况（是／否）
遇到老师、同学能主动问好	
会用见面用语“早上好”“您好”等	
会用感谢用语“谢谢”“麻烦您”	
会用打扰对方或致歉用语“对不起”“请原谅”	
会用接受对方致谢、致歉用语“别客气”“没关系”	
会用告别用语：再见	
收到礼物或奖励后，要会表示感谢	
不顶嘴，不打断别人说话	
不说脏话“笨蛋”“傻”等	

家长在教育孩子这些行为规则、检测孩子的时候，最好可以做到言传身教，以身作则。孩子都是踏着父母的脚印一路走来的，模仿性极强，说一万遍不如示范一遍，父母的行为直接影响孩子的行为。如果父母有些方面做得也不太妥，不妨与孩子一起制作表格，互相监督，这样孩子会更愿意遵守规则。

预习、准备、听讲、复习，提前养成好习惯

不管是陪静云读什么书籍，不管难易程度如何，我都会先让她翻一遍书，自己先看看，能看懂多少是多少。这相当于预习，让她心中先有个数，再读的时候就会轻松许多。

用到学习上同样有效，语文书、数学书，在上课之前，我也会让静云先翻翻看，让她把不懂的内容在上面做出标记。我再陪她一起学习的时候就知道哪里需要更细致向她讲解一番。如果掌握好了，完全没问题了，就把标记擦掉。

课堂上，我要求静云认真听老师讲课，看看有没有学到我教她以外的知识。她每天都非常用心地告诉我，她的老师是如何厉害，知道多少我不知道的内容。而我也对老师大加赞扬，同时也表扬她上课认真，学知识比我还细致。

对于学习知识而言，课前预习与上课听讲都很重要，但课后复习可以说更为重要，却常常被人忽视。

无论是成人还是孩子，都有自己的记忆曲线，新学到的知识如果不及

时复习，一个月后就只记得 21% 了，多数的内容都忘记了。

我有个工作狂朋友很苦恼地对我说："孩子记忆力很好，每学期下来，他却总是学到后面的忘记前面的，这是不是学习不用心啊？"我可以负责任地说一句，这是家长没有引导孩子科学复习的结果。

1. 复习要成为孩子的自主行为

同一个老师上课，学生对学习内容的掌握程度各不相同，复习的目的就是根据自己的情况查漏补缺，这样效果才好。如果家长强制孩子复习，孩子就会抱着完成任务敷衍家长的态度，复习也没有侧重点，就达不到理想的复习效果。

家长只需要告诉孩子正确的复习方法，让孩子自主地复习，孩子就会按计划把新学到的知识点串联起来。孩子通过及时复习，相当于给知识加了一把锁，不让它轻易流走，就不会出现学到后面忘记前面的情况了。

2. 善用课堂笔记，每天复习一遍重点

对于大一些的孩子，不管学校是否要求，家长都要引导他养成记课堂笔记的好习惯。记录内容为老师讲课中的关键知识点、疑难点、易混点，然后根据课堂笔记来复习，重点突出，效率也会大大提升。

我们对静云的要求是：凡是课本中不认识的字，没掌握的知识点都要标记出来。这是复习的重点，也是我们帮助她的主要方向。

我与孩子她爸会不定时——至少每周一次，翻开静云的语文、数学书看一看，这样我们就能很清楚她哪里学得不错，哪里还需要加强，然后，只需要一小时，甚至更短的时间就能针对性解决这些问题。解决之后，如果孩子不及时复习，很可能以后看到相同的知识点，依旧是茫然的，所以，越是不会的点，越是重点的内容，越要增加复习的次数。

多久开始复习呢？孩子每天在学校都会接触一些新知识，家长可以引导孩子每天及时重温一下重点内容，把需要背诵的知识记下来。以前我读书时，没有写课堂笔记，我母亲就让我睡觉前在大脑里放一遍电影，把老师讲的重点内容，一条一条在脑海里放一遍，从而达到记忆的目的，如果有卡壳的地方，第二天赶紧翻翻看，重新学习一遍。

像数学这类科目，家长还可以通过出题给孩子来做复习，总之三天内必须复习一遍新知识，这样才能最有效地防止遗忘。

3. 周末不忘小结，回顾一周知识重点

紧张的五天学习后，迎来了孩子最喜欢的周末。孩子应该好好休息，痛快玩耍，但也别忘了复习。两天的时间里，家长可以让孩子留出两三个小时来复习，将一周所学的各科知识重新梳理一下，重点把那些不会的、做错的题再巩固一遍。每周复习，是为了降低孩子总复习的难度。

4. 每月一总结，整体回顾梳理所学知识

根据遗忘曲线，新学的知识点将在一个月后降至一个最低点。如果我们能在一个月内进行有效的复习，就能帮助孩子迅速增强记忆的效果。

新的知识点，孩子当天、周末、月末三次复习，即使此后不再复习该知识点，也能长期清楚地保存在记忆中，这就是为什么有些孩子了大考前疯狂玩，还能考得好的原因。他们不是天才，只是掌握了科学记忆的方法而已，那就是在记忆临界点及时复习、巩固，达到长久记忆的目的。

复习就是一个不断和遗忘做斗争的过程，每个知识点要想牢固记忆，就必须经常复习。学习成绩好的同学尤其如此，他可能不是最聪明的那个人，但应当是最会学习的那个人。

坐姿、注意力训练天天有，重要原则在于趣味性

静云上小学的第一个月，班主任李老师每天都会安排一个固定的家庭作业：坐姿训练，要求背挺直，双手重叠摆放在课桌上，静坐 25 分钟。老师提出这个要求，无非是想通过训练孩子良好的坐姿，从而达到上课时孩子可以集中注意力的目的。但就是这样一个简单的要求，很多孩子却做不到。

好几次我到学校接静云放学都遇到了她同学小涵的妈妈，等候孩子们的时候我们便闲聊起来。聊着聊着，静云出来了，小涵妈妈却接到短信让她进教室领孩子。我领着静云陪她一起进了教室，原来小涵上课注意力总不集中，时常开小差，有时候还做小动作，老师这才留下她练习正确坐姿与强调纪律的。事后，小涵妈妈警告她："你下次上课再不认真听讲，我就不来接你了。"

后来，好几次，小涵与其他表现不太好的同学又被老师以同样的理由留堂了。我问小涵妈妈："她在家里可以静坐 25 分钟吗？"小涵妈妈一脸苦恼："唉呀，说起这个我就来火，她连 10 分钟都坐不了，动个不停，只有一次静坐了 25 分钟，我去看时，她坐着睡着了。"

不仅小涵是这样，静云另外一个玩得要好的同学也是如此，父母因为孩子不能长时间保持静坐、注意力不集中的问题而无比苦恼，却也无计可施。还问我："为什么静云那么爱好运动的孩子可以静坐那么久？"我只能回答："最好在幼儿园就能养成好习惯，上小学才不会吃这么大的亏。"

私底下，静云也对自己非常满意，还花式炫耀般问我："妈妈，老师不在的时候，就让我管纪律，她说我坐姿好，上课认真，你觉得我怎么样？"我笑着回答她："你还真不赖呢！"乐得她一阵哈哈大笑。

孩子的坐姿、注意力，从入园就可以开始培养，至少要在小学前努力养成习惯，不然孩子学知识都累得够呛了，还要在这上面花精力、听教训，那心情肯定压抑、难受极了。硬性规定，傻傻静坐肯定是很难的，总得让孩子认识到这样做的重要性，他愿意这么做，事儿就好办了，这只需要家长花点儿心思，为这件事加点趣味性就可以了。

1.“小树小树不准动，不准笑”，让游戏来帮忙

我经常同静云玩这个游戏，傻傻坐着成年人都受不了，更何况是孩子，我们不妨在刚开始的时候陪孩子玩一些游戏。例如，只要我喊“小树小树不准动，不准笑”，她就保持坐姿的形式静止了，刚开始可能坐不了 2 分钟就会笑或者试探性动起来。家长可以分几次来完成静坐的时间，还可以设置一些奖励，如“一周内，赢多少次，可以获得一份神秘小礼物”。同一个游戏玩得累了，还可以换同类的游戏，如“一,二,三，木头人。”换汤不换药，目的就是让孩子锻炼坐姿，保持注意力集中的时间更长。

2. 陪孩子读喜欢的故事书，时间不知不觉就过去了

静云是很爱读书的，尤其爱读绘本类故事书。家长可以挑一些孩子平日里喜欢的故事书。她保持良好的坐姿，我们就在旁边翻书给孩子看，陪孩子读。一次读四五本绘本就差不多了，这样既让孩子练习了坐姿，又让他们学到了知识，何乐而不为呢？我经常陪着静云读故事书，她 3 岁开始，一坐就可以坚持读两三个小时。所以，区区 25 分钟，对她来说简直太容易坚持了。

3. 图画捉迷藏，大家来找茬，孩子爱玩，注意力也提升了

小涵妈妈问我如何让孩子能够上课集中注意力，我推荐了几本书：《游戏书图画捉迷藏》《大家来找茬》，市场上有一些同类的书，大家可以买来让孩子阅读。

如果家中有两个以上的孩子更方便，让孩子们以比赛的形式玩，玩到最后实在找不出来的互相帮忙一起找。如果是独生子女，那么家长可以自己参与，陪孩子一起玩。

我们家玩了50多本这种类型的游戏书，侄儿图图与我女儿静云都从中受益颇深，注意力明显提升不少。

总之，当家长帮孩子培养某项习惯的时候，如果太枯燥，我们就要包装一下，改造成孩子喜欢的模样，让孩子爱上这项活动，坚持玩的次数多了，孩子就不觉得这项活动有多难，习惯也就神不知鬼不觉地养成了。

自控、自理、沟通、表达能力，创造机会早培养

孩子的自控能力、自理能力、沟通能力、表达能力等等这些基础能力最好能在幼儿园时期多加培养与锻炼，得到不错的发展。这样咱们的孩子就相当于求学路上有了一个很好的起步，也很容易顺着这条正确的路比较顺利、轻松地走下去。

1. 自控能力：不是孩子听话，而是孩子自觉选择如何做

我与朋友小姜都喜欢陪孩子去图书馆，时不时便结伴同行。小姜的孩子真是很讨人喜欢，非常听小姜的话，小姜让孩子读两个小时书，没有读两个小时，孩子绝不吭声要回家；小姜让孩子在图书馆保持安静，孩子就能安安静静……再看看我们家静云吧，我给她挑选了好几册绘本，她说我选的她不喜欢，非要自己去挑选；我想在图书馆读过两遍的书就不要再看了，她坚持要带回家……我觉得这都没什么，所以，我一直很尊重静云的意见，我就一句话：你决定！小姜关切地对我说："云云挺叛逆的呀，什么

都要自己说了算，以后长大了还得了？你看我们家的，非常听话，十分好带。”我只是笑笑，因为我更想像朋友一样尊重孩子的意见，让她为自己的事做主。

幼儿园几年过去了，小姜为孩子报读了各种兴趣班，孩子学得十分辛苦，但仍然坚持着。有一次孩子对我说：“我真的好羡慕云云啊，她的生活多丰富，多精彩。我感觉我快要累死了，并且我好讨厌练习钢琴，我根本就不是那块料啊！”我也曾试图与小姜说起过，让她给孩子减减压，可是小姜坚持不断给孩子加压。我们家静云呢，她确实挺幸运的，我比较开明，孩子爸爸也尊重她：想学主持学主持，想学画画学画画，她的事她做主。

转眼，今年小姜家的孩子与云云一起踏入小学了。每天孩子都有家庭作业了，小姜每天都要仔细留心家长群，看看老师布置了什么家庭作业，然后转达命令给孩子，孩子这才开始认真写作业。静云完全不一样，她觉得这是她自己的事，她必须自己办，老师布置作业的时候，她就在书上及时做了记号，回到家里，自主完成了，我只需要签名就行了。

大家试想，以后的日子里，小姜的孩子还是静云会更让人省心呢？我觉得答案是不言而喻的。孩子的成长谁也不能替代，家长更不能事事控制孩子，让他依赖于成人的指令，应该有意培养孩子的自控力，多创造机会让孩子在没有外界监督的情况下，适当地控制、调节自己的行为，延迟满足，坚持不懈地实现自己的目标。

首先，家长要与孩子商量并制订一些规则，如交通安全事项、道德行为标准等。我们一定要让孩子知道，他才是主角，我们只是起辅助作用，他的事情最终由他决定，由他执行，也应当由他承担后果。所以，不论家长定什么规则，都应尽量征得孩了认可。

其次，自控力差的孩子，往往做事缺乏条理。家长可以与孩子商量并根据实际情况给孩子制订一些行为准则。例如，家长可以与孩子商量制订每天学习、玩耍、吃饭和睡觉的时间表，并且给出一定的机动性允许孩子偶尔不按安排提前或延迟去做这些事情。

最后，奖惩分明，使孩子养成良好习惯。既然规则已经定下来了，也是孩子同意的，就应该按规则来操作。当孩子表现还不错时，家长要具体而真诚地表扬孩子，并给予适当的奖品奖励。如果孩子屡屡违反规则，家长就要坚持原则，不做没底线的迁就。要让孩子知道，违反规则，就必须得到相应的惩罚，可以限制孩子的一些权利与自由，但不能让孩子的心灵与身体受到伤害。最后请注意：规则是死的，如果规则没定好，也可以及时与孩子讨论，适当修改。

当孩子日复一日坚持按规则办事时，慢慢就会把这些外在的规则内化为自己的行为准则，他就会意识到这样做是自己心甘情愿的，而不是被强迫的。多数孩子的自我表现欲都很强，家长需要及时对他自我控制的行为加以鼓励、表扬，他就会坚持这种行为，不断地强化，就能形成习惯，内化为个人的行为准则。

2. 自理能力：这是每个孩子都应尽早具备的最基本的生活技能

静云想做的事，只要在安全许可的范围内，我们都会尽量由她自己去做。穿衣、洗漱、穿鞋袜、上洗手间等，不到3岁她就可以自己来；吃饭、夹菜虽然时不时会掉在地上、桌上，但她一直坚持自己来，我们也让她自己来，也不知道什么时候起，她已经能与我们一样熟练操作了。

有时候静云也会有一些危险的尝试，有一次她拿起一把水果刀，表示要削苹果，我觉得太危险了，于是鼓励她换成刨子。示范了一遍就让她自己来，从那以后，她想吃的水果要去皮，都是她自己来。家里有亲戚看到她自己刨皮，觉得很惊讶，问我：“云云这么小，你就让她自己刨皮，就不怕刨到手吗？”我笑着说：“你看她的动作，说不定比你还快呢！”大家一阵大笑。其实，云云也有一两次刨到手的，就伤了一点点皮，消消毒，两三天就好了，这种危险还是可以承受的。

还有一次，静云坚持要自己洗头，她的头发比较长，打上洗发水，弄出泡泡，她觉得很开心，于是不知道打了多少洗发水在头上，弄得她身上、洗手间地板上、墙壁上，到处是泡泡，怎么洗也洗不干净。她急哭了，嚷着："妈妈，我要被洗发水毒死了。"婆婆比我先看到，惊叫着："她还这么小，你做大人的也不帮帮忙。"我一看，乐了，跑进洗手间，同云云一起玩起泡泡来，玩了一会儿，再一边仔细给她清洗，一边告诉她洗头的步骤。第二天，她又打多了洗发水，我还是鼓励她自己尝试。接下来的几天，她洗完头都会把我叫进洗手间检查一遍，看她有没有冲洗干净，然后再用毛巾把头发擦干。因为孩子太小，头发又长又多，擦起来很费劲，我就专门给她买了一顶浴帽，她操作起来非常方便。后来，她还学会了自己吹头发。当我们在电视里看到一个八九岁的小女孩第一次自己吹头发，吓得把吹风机扔进洗手盆时，云云大笑："这么大了还不会吹头发，真是羞死人了。"

有些家长可能会问，每个孩子发育情况不一样，我们怎么知道什么时候孩子可以做什么呢？其实很简单，孩子想尝试的时候，家长就可以稍微讲解下方法，让孩子自己来。顺其自然就行了。孩子觉得太难，做了一次就不想做了，家长也不要逼迫他，尊重他的决定就行了，下次想尝试的时候再做。如果家长觉得孩子确实可以自己来的时候，也可以说说哪个年龄差不多，甚至更小的孩子表现如何棒，能怎么样了，这样就能激起孩子不服输的心理，促使孩子也想自己动手，孩子动手次数多了也就熟练了。

3. 沟通能力与表达能力：家长只需要倾听与鼓励，给机会让孩子多说就可以了

孩子生活阅历有限，知识积累更有限，说话的时候很可能颠三倒四，毫无章法，来来去去就那些，不断重复，并且重复的还很有可能是一些鸡毛蒜皮的小事。家长一听就知道他要讲什么了，很多家长便失去了耐心，一句话就把孩子的嘴给堵住了。

如果没有一个好的听众，孩子就会失去说的兴趣，所以家长一定要尊重孩子，像好朋友一样，耐心倾听。静云每天从幼儿园回来，都会兴奋地对我说起一天发生的趣事，她说起来就是滔滔不绝。有一次，她拿回一张奖状，我问她怎么获得这张奖状的。她告诉我："我想应该是我吃饭比较多吧，是我们班吃饭吃得最多的。别的小朋友一碗饭都吃不完，有些小朋友饭都不会吃，我不到一会儿就能吃完一碗，然后老师就会再给我盛一碗饭，我全都吃得干干净净，你说我厉害不厉害？"我很想告诉她肯定不是这个原因得的奖状，不过看她以吃饭为优点，那么自豪，我就不忍心推翻她的理论了，于是我附和她："天哪，原来你在学校吃饭这么认真啊，那你每天都吃饱咯，难怪你长得高高的，的确应该得奖状，这也是我第一次见到吃饭得奖励的呢，恭喜你哦！那你以后继续加油，好不好？"她听了，高兴得手舞足蹈，又开始对我讲述另外一些关于吃饭的细枝末节的事，我也都仔细听，认真回答她。让她说得尽兴，充分表达出自己想要说的内容。

静云在说话的时候，我还会适当教她一些表达的方法，一些承接词（"首先""接着""然后""因为""所以"等）。刚开始，静云总是喜欢用一个固定的词，那就是"然后"来完成她的表达，后来慢慢就学会了按时间顺序来表达，沟通起来非常有条理，并且意思表达也很准确。

孩子爱表达，喜欢让他人知道自己的想法，家长也要适当教孩子一些沟通的技巧。我们可以说一段话之后，或者读了书本中某个小故事后，让孩子来说说，刚才我们讲了什么内容，让他复述一下。这样的练习做得多了，孩子就能很好地倾听他人，把握他人说话的核心内容，并且有针对性地做出自己的回应了。

阅读、计算、逻辑、空间想象力，处处可锻炼

学习是为了生活，生活中也处处都是学习的好机会。

1. 有字、有图的地方，就可以阅读

提到阅读，首先我们想到的一定是读书。研究表明：家长经常大声读书给孩子听，可以使孩子在阅读理解、词汇量等方面获得很大收益。研究还表明，家里有很多阅读材料的孩子，在标准化考试中考分更高。所以，家长应该为孩子提供与他们阅读水平相符，并且孩子感兴趣的各种绘本、杂志、报纸，摆放在卧室、书房、卫生间，甚至电视机旁边，让孩子们随手就能拿来读。

如果家长喜欢阅读，陪着孩子一起阅读效果会更好。我是一个爱阅读的人，家里的书，有我的，也有静云的，每天晚上睡前，我都会从床头柜上拿起一本书认真读一会儿。静云有时候还能自己画画，玩积木，时不时还会跑来我面前说："妈妈，如果我连续一周表现好，你能不能奖励陪我读一整天的书？"我只是笑，告诉她，她已经表现够好了，喜欢读书，可以自己读一会儿以前读过的书籍。她喜欢的儿歌因为常读的缘故，能自己背出上百首，唐诗也能背诵几十首。

除了在家里读书，时不时陪孩子去图书馆坐坐也是不错的选择。我们每周是必须至少有一天要去图书馆坐坐的，找找静云喜欢的书，感受一下人人认真读书的氛围。静云对我说："我真想天天住在图书馆，我觉得那里的空气最好。"我开玩笑问她："那么多人，我觉得氧气都不够了，还空气好啊？"她呵呵一笑说："读书的空气好，同大家一起读书，我觉得更有意思。"

其实除了读书籍，我们还有多种阅读的资源。不论我们走到哪里，到

处都是广告牌、商店名、宣传画、海报、动漫画像等等。这些都可以引导孩子去读，去欣赏，去学习。

静云通过读绘本、背儿歌，慢慢已经认识了不少简单的汉字，出门在外的时候，我时不时就会指着广告牌问她："看，那儿红色的是什么字？"她会回答我："上海羊毛，羊毛什么，最后一个字我不认识。"我告诉她："那是衣服，就是羊毛衫，我们进去看看，羊毛衫是什么样子的。"她进店里，摸了摸那些羊毛衫，很是兴奋的样子，出门时还给奶奶买了一件。多次路过那家店，每次她都会指着那些红色的字说："上海羊毛衫。"后来，在读儿歌的时候，遇到"衣衫"这个词语的时候，她居然正确读了出来，我很惊讶地问她："你怎么认识'衫'字的？"她一脸平静地说："×××超市里面不是有个红色字的'上海羊毛衫'吗？"我释然，原来孩子这样学到的知识记忆这么深刻啊！

还有一次，我陪云云出去逛街，走着走着，她拉住我的手说："妈妈，你不是喜欢吃烧烤吗？前面有一家。"我丈二和尚摸不着头脑，一条服装店的街上，怎么会有烧烤店。我问她："哪儿呀，你怎么知道的？"她指着一个极小的几平米大小店上的牌子反问我："'串串好忙'，旁边还有两串烤肉，这还不是烧烤店啊？"我被她问得哈哈大笑。一路上，我认真找衣服，她则认真看店名，看广告牌，甚至连"闲人免进""主人今天有事休息"她都一一读了出来。大家各取各需，也都没有白逛呀！

读户外汉字、广告有一定的经验之后，我开始让静云根据店名猜测这家店是经营什么的，还问他这样起名字好不好？她都会发表一番自己独到的见解；出门玩耍，家人都知道我是严重的路痴，喜欢看路标，我也会引导静云读路标，让她说说每个牌子去什么地方；去饭店吃饭的时候，让静云先看菜单，点自己喜欢吃的菜，顺便帮我们点菜；看电影的时候，让她看时间列表等等。只要有文字、有图的东西，都可以成为锻炼她阅读能力的素材。

2. 手指计算到心算，过渡起来并不难

小学阶段，计算要耗费孩子数学时间的60%~70%，可以说解决了计算问题，就基本解决了数学问题。然而，很多家长都不知道从何教起。

静云是从幼儿园就开始学计算的，虽然学校老师没有刻意教授计算，可是小家伙却时不时用手指计算10以内加减法。我怕数字超出10，她的手指头就不够用了，于是给她买了一捆计数捧，她却一直没有用过。原因很简单，当静云把10以内的算术做熟练了之后，我就告诉他，两位数如何分解组合，将十位与个位分开分别计算。如果是连加，尽量凑整数摆一边，这个可以通过游戏很好地解决。

静云自己动手拼装了一台购物车，里面有各种各样的小玩具，我们分别给这些小玩具标上了价格：1~9元不等。然后我们会假装一方是顾客，一方是售货员，一次购买好几件东西。刚开始玩的时候，我并没有刻意讲解如何算数，只是自己一边算，一边大声说给她听。我说："这个5元的与这个5元的加一起就是10元，这个2元的与这个8元的加一起也是10元，这个3元与这个7元加一起还是10元，剩下这个6元，你一共要付款：36元。"算了两次之后，静云也很麻利地学会使用我这一套计算方法。计算到后来，她还会拆分两位数，35加8，她会说，把8拆成3加5，5加35等于40，再加3，就是43。这也许就是熟能生巧吧，不知不觉两位数的加减法她在幼儿园阶段就顺利解决了。刚开始静云经常会记错数字，都只是拿笔算，慢慢操作熟练后，她开始心算。幼儿园毕业时，其他家长还在说自己家孩子几乎没有什么算术基础，我们家的已经不知不觉计算得非常熟练了。第一个月小学数学摸底考试，她就顺利地考了100分。

逻辑思维能力可以通过各种经验积累不断提升。

逻辑都讲究一定的规律，只要平常多让孩子观察，时不时给予提示，慢慢孩子就能摸透这一切。

第一步，我们先要让孩子学会多角度观察，例如，我给静云一个球，我就会问她好几个问题。颜色、形状、大小、用途、材料、作用等。孩子经常从各个方面观察，就能不知不觉积累一定的惯性思维。

第二步，让孩子找规律，排秩序。例如，我给静云买了黄、绿、蓝三种颜色的铅笔，我会排在桌子上按黄绿、蓝黄、绿蓝、黄绿摆 8 支，然后让她观察规律，继续根据一定的规律摆下去。因为有第一步的训练，所以她一开始就能很顺利完成这种简单的操作。后来，我还会换成其他图形、水果、书籍等，她也都能很好地推理出来。

第三步，经常让孩子比较与分析，比较可以是简单的比大小、高矮、胖瘦等，也可以是比较力量强弱、胜负可能，并且还可以引导孩子分析是如何得出结果的。

第四步，培养孩子的逆向思维能力，例如，家里买了静云喜欢吃的草莓，她上午吃了 12 颗，下午吃了 15 颗，晚上吃了 10 颗，最后还剩下 13 颗明天吃，我会问她，你想想看，妈妈总共买了多少颗草莓呢？当然，家长要根据孩子的计算能力来安排出题，难度不要超出孩子的水平。

3. 空间想象力除了看与听，还可以通过动手得来

还记得立体几何吧，哪里画辅助线、怎么解题难住了多少人，究其根本就是我们的空间想象力不够。如果家长有意识让孩子从小多动手培养，以后那些都会不在话下。家长给孩子训练的时候除了有方法，还一定要根据孩子的兴趣与实际水平循序渐进。下面我罗列几个方法，也是静云用得比较好的。

拼图游戏可以经常玩。家长可以给孩子买一些几何小图片让孩子进行相互组合。让孩子动手试试看两个三角形可以拼成什么图形，两个正方形可以拼成什么图形，两个梯形可以拼成什么图形，让孩子学会简单几何图形之间的转换。家长还可以随手把一些图片剪成好几块，让孩子拼好。等孩子操作熟练后，就可以加大难度，让孩子拼更高层次的四巧板、七巧板等。静云很爱拼图，她甚至只需要几秒钟就能拼完一张七巧板。与拼图类似的就是玩积木，可以是拼插类的，也可以是堆积类的。孩子通过摆各种组合图形，可以很好地刺激大脑的空间想象力。

画图形、剪纸、折纸都可以很好地锻炼孩子的空间想象力。家长可以教孩子折对称的图形、折飞机、折船，剪三角形、四边形、五边形，剪对称图形等，培养孩子的图形对称感。还可以让孩子想办法把一个正方形纸片通过剪和拼变成一个三角形，或者平行四边形，或者梯形，通过这些活动，让孩子感知图形的特征。除了动手之外，还可以让孩子有意识地描摹一些简单的平面图形和立体图形，那就更能刺激孩子大脑的空间想象力了。

让孩子做一些图形推理题，幼儿园的孩子完全可以做出一定难度的推理题了，比如，图形旋转 45 度、旋转 90 度后会是什么样子，想象图形对折后会是什么样子，一个复杂的图形是由什么图形组合而成的，各种图形的组合规律等。把握的原则还是从易到难，根据孩子的能力水平安排。

听故事做动作，锻炼孩子的想象力。我们可以用语言描述一些动作，让孩子来表演，也可以很好地激发孩子的想象力。

学前阶段是发展孩子各种潜能的最好时期，在这个时期，孩子渴望学习，也学得快，家长只要稍加辅助，孩子学起来就能事半功倍，效果显著。

Kindergarten

第十章

家园共育，与老师智慧地沟通

只有通过与老师沟通，家长才可以更全面地了解孩子的另一面，同时也可以让老师更深入地了解孩子，从而实现默契、有效的家园共育。

所以说，家长与幼儿园老师的沟通是否良好，方法技巧是否得当、正确，是关乎孩子健康快乐成长的重要因素。

作为家长，信任老师是沟通的基础

网络上时不时爆出幼儿园的虐童事件，原本这样的无良老师是极其罕见的，可正是这些极个别的人败坏了老师的名声，导致很多家长不再那么信任老师。孩子回家时，家长如果经常问："你在幼儿园有没有受欺负，老师有没有惩罚你？"孩子听多了也会变得害怕老师，不再信任老师。家长朋友们要知道，孩子是永远无法在自己不喜欢的老师带领下学好知识的。良好的关系应该是三者互相支持的，孩子、老师与家长之间最美的三角关系应该是：家长信任老师、老师支持孩子、孩子喜欢老师。

作为家长，我们时刻要记住信任老师是沟通的基础。其实我们不必那么惊慌，就教育行业的门槛与教师任职资格来说，老师的整体素质还是非常高的。有时候，老师们需要的只是家长多一些理解、多一些沟通与信任。

1. 家长要多与老师沟通，认可并尊重老师的工作

老师与家长在教育孩子的问题上是最好的同盟，彼此能够多沟通、多理解，劲儿往一处使，对孩子的成长无疑是最有利的。

静云上幼儿园时，我与老师相处还是挺愉快的，我坚持这样的原则：相信老师，尊重老师，同时也要求静云相信与尊重老师，配合老师的工作。

有一次，接静云时，我发现她脸上有一道伤，还出了一点儿血。我刚想询问发生什么事了，静云就大声告诉我说："妈妈，我脸上受伤了，是树枝划破的。"班主任佘老师一脸愧疚地说："静云妈妈，真的很抱歉，我没有看好孩子，她们在课间休息时，从学校后门的矮树丛穿过，划到脸上了。

我们已经把矮树丛围起来了，不准孩子们靠近，以后保证不会出现类似问题了。静云的伤口我们也到医务室处理过了，医生说应该没什么大碍。真是对不起！”我走过去，拉着静云的手，微笑着对佘老师说：“没事，一点小伤，明天就结痂了，孩子这个年纪都活泼好动，辛苦你们老师了，两个老师管这么一大群孩子，难免会有一些小失误。不要放在心上。”佘老师感慨地说：“要是家长都像你这样就好了，与静云一起划伤脸的还有另外一个女同学，伤口比静云的浅，只是划出了红印子，没有出血，家长非要说会留疤痕，还说如果留疤痕了就来学校找麻烦，要赔偿。”我听了哈哈大笑说：“放心好啦，孩子的皮肤自我修复能力特别强，那位家长只是太紧张了，过几天孩子脸上好了就没事了。”

还有一次，佘老师第一次组织班会，显得非常紧张，她挑选了静云做主持人，却挤不出时间培训她。她问我：“静云妈妈，我想让静云做班会主持人，可是她的台词很多，你可以帮忙在家里训练吗？我实在抽不出时间来。”我满口答应了下来。静云回到家里后，我让她把台词拿出来，读一遍给我听，谁料她告诉我老师就给她读了一遍，她都忘记了。静云奶奶在一旁说：“这不是老师的工作吗？”静云看了看奶奶，又望了望我说：“老师真的只读了一遍，我还不会读，怎么办呢？”我抱抱她，装作很轻松的样子说：“你们佘老师觉得静云记忆力好，上课认真，所以才把这次主持的机会给你。老师也拜托过妈妈了，你的台词由妈妈陪你一起背，你慢慢来，肯定可以背下来的。”经过几天的训练，静云终于一字不漏地将大篇台词背下来了。班会那天，静云站在主持台上，佘老师拿着台词陪伴在侧，我猜她是想在静云记不起来的时候提醒她吧。小家伙表现得非常好，不急不慢，一个节目接一个节目主持。事后，佘老师不断感谢我的帮忙。我乐呵呵地说：“我们家长带一个孩子都忙得人仰马翻的，佘老师已经十分能干了，这么多节目要排练，我帮点儿小忙也是应该的，乐意之至。以后有什么需要帮忙的，尽管开口，我一定尽力而为，大家都是为了孩子们好嘛！”后来，佘老师果然给了静云不少机会，而我们也都完成得不错。

2. 相信老师，不在背后说老师坏话，维护老师在孩子心中的美好形象

孩子有可能在家不听家长的话，可是在学校却很愿意听老师的话。特别是孩子喜欢老师的时候，他会爆发出让家长无法预料的激情与动力，表现一次比一次好，只为了老师的一句口头表扬。所以，为了孩子能够更好地接受教育，家长一定要维护好老师的形象。

静云刚入幼儿园的时候，时不时会评价一下自己的老师，有时候，她会说：“妈妈，我觉得佘老师有时候好凶啊，中午她让大家睡觉，我们必须都闭上眼睛睡觉，大家都怕她。”我解释说：“佘老师要管那么多孩子是非常不容易的。她必须嗓门大一点儿，你们才能听清楚她的命令啊。你要理解老师，配合老师，好不好？”静云点头：“嗯。我虽然睡不着，可我一直闭着眼睛，不出声的。”有时候，她会告诉我：“妈妈，今天佘老师没搞清楚情况就批评我了，还罚我站了一会儿。”我问她：“怎么回事呢？”静云继续说：“我同桌在讲小话，还把东西扔到我的课桌上，佘老师以为是我弄出的响声。”“那你解释了吗？”我问她。静云皱着眉头，嘟着嘴说：“我说了是我同桌。结果佘老师还是让我与同桌一起罚站。”看着她那副很不高兴的样子，我亲亲她的额头说：“好宝宝，看样子这次佘老师真是没看清楚。妈妈相信，她下次一定会看清楚的。我们再给老师一次机会，好不好？”静云点点头说：“好吧，那就算了，其实我很喜欢佘老师的。”

3. 要相信老师的本意是好的，对老师有意见，最好私下沟通

幼儿园里开设了画画课，孩子们都非常喜欢。有一次画画课后，老师拍了部分画得不错的作品在家长群里面展示。这是孩子们第一堂美术课，展示出来的作品也并不是那么好。这时候家长群里炸锅了。有位家长说：“为什么没有我孩子的作品？我看他画得也不错啊，比这展示出来的作品还强一些！叫美术老师出来说一下！”另一位家长也起哄说：“我听孩子说，美术老师还批评我们家孩子没想象力，这也太损了，孩子以后不想画画了，你赔啊！”大家你一言，我一语，说得十分起劲儿。

到了傍晚时分，美术老师才在群里回应大家。因为这是孩子们的第一堂美术课，许多孩子没有时间观念，下课了，作品还没有画好，所以没拍照晒出来。至于那位说想象力不够的孩子，其实是孩子领会错了老师的意思，老师只是不断提醒孩子，再大胆一些发挥想象力，孩子可能是不知道如何画，觉得自己想象力不够而已。

不论怎么样，我觉得其实美术老师还是相当不错的。在她的启蒙下，静云爱上了美术，一直到现在还在认真学画画。可见这真的是一位好老师，如果那几位家长私下与老师交流，老师就可以有针对性地提一些建议，估计对孩子的帮助会更大。毕竟让老师难堪，对孩子对家长又有什么好处呢？

当孩子在幼儿园出了问题怎么办

孩子入园后，家长都会很关心他在幼儿园过得好不好，如果我们只是简单地询问：“你今天在幼儿园过得好吗？”孩子可能不知道如何回答，他还小，还不能像成年人一样回忆当天发生的事及他的感受与情绪等。所以，家长想要知道孩子在幼儿园有没有遇到什么问题，就要把问题细化。

孩子越小，越需要家长提出清晰的问题引导他回忆，家长可以针对孩子最有可能碰到的问题提问，每天问两三个问题就行了。当然，如果孩子出现了某方面的异常，家长就要针对性地提问，给孩子解决问题。

下面，给大家推荐一些问题参考，家长还可以根据自家孩子的具体情况设计一些问题来问孩子。

（1）今天你在幼儿园有没有遇到让你觉得有意思的事情呢？

（2）今天你有没有认识新朋友呀，他叫什么名字？

（3）你今天学到了什么呢，给妈妈说一个吧！

（4）今天你什么时候最开心呢，那时候你在做什么？

（5）今天你什么时候最无聊呢，你是怎么打发时间的？

（6）你在幼儿园玩得最多的是什么玩具呢？

（7）你觉得你们班谁最有趣，为什么呢？

（8）今天午餐，你最喜欢吃哪个菜呀？

（9）你们班今天有谁被老师惩罚了，因为什么事情呢？

（10）在幼儿园里，你不喜欢学习什么？

（11）在幼儿园里，你还想学习什么？

（12）如果外星人来你们班了，你最希望把谁带走，为什么呢？

家长可以通过提问了解孩子在幼儿园过得怎么样，可能出现了什么问题。当我们意识到孩子真的出问题了，应该如何帮助孩子解决这些问题呢？

1. 孩子的生活自理问题，家长一方面要寻求老师的帮助，另一方面要尽快让孩子学会生活自理

越小的孩子越是存在或多或少的生活自理问题，学校用餐要做到不撒饭菜，不追赶打闹；想上洗手间了，要懂得举手；如果尿裤子了，要告诉老师处理；中午要养成睡午觉的习惯，如果实在睡不着，也要让孩子养成不哭闹的习惯；午睡醒来，孩子要会自己穿衣穿鞋……

孩子越早学会自理越好，省得老师忙不过来，孩子出问题就不好了。

2. 孩子的习惯问题，家长要与老师保持一致，让孩子尽快养成良好的生活习惯与学习习惯

有的孩子上课时在操场上乱跑，不愿意回教室；有的孩子喜欢脱鞋子到处跑；有的孩子每天都要带零食入园，不然就不肯去幼儿园；有的孩子上课总不认真听课，老师说了也不听；有的孩子坐姿不对等。这些都是幼儿园孩子普遍存在的问题，老师只能保证在幼儿园的时候尽可能教育孩子要如何做，家长如果回到家里能够配合老师，也注重对孩子不良习惯的改正，效果就会看得见。

静云看书的时候总喜欢把头埋进书本里，幼儿园检测视力时，她双眼视力只有 0.5。老师提醒我们，我们也高度重视起来，老师在学校时也不时提醒静云注意坐姿，眼与书本保持适当的距离。在家里，为了练习她的正确坐姿，我们特别买了一张适合静云身高的儿童小书桌，还特意挑选了她喜欢的粉红色。以往我抱着她阅读的习惯也改变了，她坐在小书桌前，我坐她旁边陪读。遇到静云坐姿不对，头向书本不断靠近时，我就会说一声："头！"她立即意识到自己的问题，马上坐得端正起来。经过一段时间的训练，静云不仅坐姿好了，幼儿园的视力检测也恢复到了 0.8 的水平。

当然，有些问题是老师提出来的，有些问题可能是家长发现的或者孩子一直存在的。家长可以与老师及时沟通，老师也是很乐意配合家长，共同教育好我们的孩子的。

3. 孩子的人际交往问题，家长要以身示范，更要多创造机会锻炼孩子

我发现人际关系好的家长，孩子的人际关系也会处理得相当不错。当孩子在幼儿园里出现无故打人、没朋友这样的问题时，家长就要反省一下，是不是自己平常的行为影响了孩子，如果想要改变孩子的现状，家长一定要先改变自己，以身示范。同时，家长还要不断给孩子创造锻炼的机会。

朋友小慧的女儿在幼儿园遇到了一个问题，因为她没礼貌，经常辱骂其他小朋友，所以，其他小朋友都不理她了。怎么办呢？小慧与老公商量对策，老公一句话没说好，小慧就随口一句脏话，话即出口，她突然意识到原来问题出在自己身上。

此后，小慧专门让女儿监督自己，如果说了脏话，就要接受女儿的各种惩罚。一段时间过后，她渐渐改掉了说脏话的习惯，而女儿在幼儿园也没再骂过其他小朋友。

4. 孩子的小癖好或者小缺陷之类的问题，家长要提前告诉老师

某天，幼儿园老师因为孩子的问题，请了家长来学校，老师对家长说："你儿子面对老师的批评态度十分不好。我只是想要他以后上课不要讲小话，我一边批评他，他一边撇嘴，我让他不要撇嘴，他还越来越厉害，简直是太不尊重老师了！"这时候，家长才告诉老师，原来孩子一直有个毛病——一紧张就有撇嘴的习惯。老师这才知道冤枉了孩子。可是，这又是谁的错呢？当然是家长的问题，家长应当提前把这件事告诉老师。

如果自家孩子有某些方面的小癖好或者小缺陷之类的问题，我们可以私底下告诉老师，当老师面临孩子问题的时候就可以把握分寸，不会让孩子难堪了。

5. 面对孩子突发性问题，家长一定要冷静，相信老师，以和为贵

静云班上突然有几个孩子同时拉肚子，除此之外没有任何症状。有两个孩子还去看了医生，说是吃东西不卫生导致的急性肠胃炎。家长询问孩子后，得出结论，怀疑孩子在学校吃了不干净的食物。恰巧，静云也拉肚子了。我们都认为这件事情必须引起重视。

有的家长在群里把班主任好一顿斥责，还让校长出来解决问题。有的家长直接给孩子办理转园手续了。还有一些没出问题的个别孩子家长在群里极力维护学校，称自己家孩子也吃了同样的饭菜却没有出事，证明不是学校的问题。大家闹翻天了。我一直关注这件事，却没有说一句话。

由这件事情做引子，家长又说出了学校其他卫生方面的问题，例如：被子从来没有晒过，有好几个孩子身上长疹子了，怀疑是被子的问题；学校附近超市正在搞装修，孩子的安全存在隐患等等一系列问题。

我默默将家长们提出的问题全部罗列了出来，并且根据家长的要求与我自己的想法给了一些解决的参考建议。最后我将这份总结私下交给了园长。过了一个多小时，园长终于在群里针对家长们的问题一一给出了合理的解决方案。

当孩子在学校出现突发性问题或者面临隐性问题时，家长一定不能急，不要吵吵闹闹的，这样是解决不了问题的。我们可以私下与老师交流，或者私下与家长交流，寻找解决方案，再提议学校，一般学校都能解决，万一不能解决，家长还可以选择给孩子转园。一切以和为贵，才是真正地为孩子着想。

抓住放学的时机，与老师有效沟通

孩子一整天在幼儿园，家长都会有些担心，想要问问老师关于孩子的情况，早上老师忙着接回园的孩子，白天要上课，我们能利用的只有放学这段时间，所以一定要抓住时机与老师沟通。老师是理解家长心情的，以孩子为话题，大家也都有话说，问题是老师时间宝贵，还有其他家长也要接孩子。那么，我们应该如何快速、有效地与老师沟通呢？

1. 家长与老师简短交流时，请直奔主题，越直白易懂越好

静云刚入园那些日子，我最担心的是她能不能很好地适应，有没有哭闹。所以，每天我都会问老师一句：“佘老师，静云今天表现乖不乖？”老师回答孩子很乖，我就会向老师表示感谢，然后让静云同老师说再见，领孩子离开。有些家长想知道孩子在校有没有哭闹，他们是这样问的：“老师，我们家那位超级爱哭闹，今天肯定在幼儿园哭了好久吧？”家长这样提问就是在暗示老师，孩子有这方面的缺点，这就等于给孩子贴了一个不好的标签。家长要用积极或委婉的方法提问，如：“老师，我们家孩子比较敏感，他在学校哭了吗？”这样，老师就不会对孩子有不好的印象。还有的家长这样问：“老师，我们家宝贝今天怎么样？”你说，家长提这么笼统的问题，老师从哪方面说起呢？所以，家长提问一定要注意，问题要细，要正面积极，要直白易懂，方便老师快速解答最好。

2. 家长打算与老师交流一会儿，可以等所有孩子放学后进行

幼儿园一般放学比较早，孩子们都走了，老师也不用忙着准备明天的备课，这时候家长与老师沟通往往可以取得不错的效果，但时间最好控制在 10 分钟内，不能影响老师下班回家。

虽然只是短短的几分钟交流，却可以让家长及时了解到孩子在学校的很多情况。例如：孩子在学校的表现怎么样，孩子在哪些方面表现得不错，在哪些方面表现得不如人意，还需要家长配合帮助改善，等等。我几乎每次与老师交流都是趁孩子们放学了，或者还有几个孩子等家长来接的时候，赶紧聊几分钟。很欣慰的是每次得到老师对静云的评价都是肯定的，我就放心多了。同时，可能是交流得多，老师知道我无条件支持与配合她的工作，她总是不断给静云各种锻炼机会。

3. 家长与老师沟通时，可以谈这些内容

我经常遇到家长问：“我也想与老师多交流，告诉老师，我会配合她的工作，可是我不知道要对老师说些什么。”包括侄儿妈妈都曾这样问过我，她说老师批评她对孩子漠不关心，从来不问孩子的在园情况。那么，我们到底要同老师聊些什么呢？以孩子为主题，可谈的话题还是蛮多的，我们可以围绕以下几个重点与老师沟通。

（1）孩子的近况，家长除了可以询问孩子在幼儿园期间的表现，也可以对老师讲一讲孩子最近在家里的情况，看看有没有什么地方可以与老师配合一起帮助孩子提升或改善的。

（2）当孩子表现不错时，拜托老师多鼓励与表扬孩子。几乎每个幼儿园的孩子都渴望得到老师的肯定与鼓励。并且为了赢得老师的表扬而努力。侄儿刚入园的时候特别调皮，老师很苦恼，可是后来我发现，只要他上课得了贴纸，回到家都会特别兴奋，并且还想继续学习，我把这件事告诉老师了。老师也非常用心，后来经常表扬侄儿，让他做小老师，打那以后，侄儿可以用“进步神速”来形容。幼儿园的很多儿歌与手工，他都会超前预习好，这令家人都觉得不可思议。

（3）请老师在课堂上多给孩子提问。那些上课积极举手回答问题的学生，思维会非常活跃，一直紧跟老师，学习效果也会很好。家长可以鼓励孩子多举手回答问题，同时也可以要求老师增加向孩子提问的次数，孩子被提问次数多了，在他看来会认为是获得老师认可与关注了，也会更加用心学习，积极回答老师的问题，让孩子的学习进入到一个良性循环中。

（4）谈孩子的点滴进步、兴趣与爱好等。这些都可以与老师沟通，老师了解孩子越多，越能有针对性地教育孩子，也能给家长提出不少好的建议。

总之，家长同老师多沟通，可以更好地教育孩子，老师也喜欢愿意支持与积极配合他们工作的家长，也愿意多关注孩子，多给孩子一些机会。

积极参加幼儿园举办的各种活动

在给孩子挑选幼儿园的时候，有一个重要的考量因素，那就是平常园里举行的大型活动多不多。静云幼儿园老师告诉我："我们每学期都要举办很多活动，甚至户外的活动也不少。其实孩子们都特别喜欢活动，通过活动也能学到很多东西，只要学校做好足够的安全措施就行了。"我最终给静云选择了这所幼儿园。

为什么我会这么在乎学校的活动多不多呢?

1. 活动可以增加家长与老师的交流，可以更好地家园共育

静云幼儿园经常举办观摩课、家长育儿知识培训，这些活动并非强制要求家长参加，一般只在 30 位同学家长中间邀请 10 位同学的家长参加活动。名额很少，可是家长却总到不齐。老师每次都会邀请我参加，而我每次必定出席。每次老师见到我都会十分热情地说："真的很感谢你的出席。"我笑笑说："是我应该感谢老师给我机会学习。"老师感慨："其他家长也这么想就好了，每次我们都要反复打邀约电话，家长总说工作忙请不到假或者下次再看情况。"

通过参加学校的观摩课，我可以了解老师的讲课方式，孩子上课是否坐姿正确，是否能够遵守课堂纪律，孩子是否能够掌握知识并且上课积极举手发言，等等。课后，我还可以针对孩子的情况与老师沟通、交流，并且在家里给孩子做针对性训练，受益的自然是孩子。而对于家长的育儿知识培训，可能很多家长觉得没必要，而我却很珍惜这样的课程，这可以更新我们的育儿知识，还可以学到很多之前不懂的育儿方法，当家长的教育理念与教育方法得到提升之后，受益的自然还是孩子。

2. 亲子活动可以帮助家长更了解孩子，增进亲子关系

静云学校的亲子活动的确是很多的，各种大大小小的节日都有针对性活动，除此之外，还有各种主题运动会、亲子远足、亲子采摘等。活动多了，家长叫苦连天，有的说：“这幼儿园的活动实在是太多了，我都请不到假了。”有的说：“不参加也不好，参加又觉得没多大意义，还是让爷爷奶奶去一下吧！”有的甚至说：“这主要是幼儿园变相收费，搞一次活动收一次费。”

家长这样抱怨主要还是因为没有搞清楚亲子活动到底有什么用，在他们看来也许只是陪孩子玩一次罢了，所以不重视，认为没必要，也不想参加。他们觉得孩子上学了，交给老师负责培养就行了，不关自己的事了。家长这些想法是不对的，应该说家长是孩子永远的老师，对孩子的教育要承担最主要的责任。现在父母大多忙工作，极少陪孩子玩，也很少与孩子耐心沟通，亲子关系已经越来越疏远了。而幼儿园的这些亲子活动恰好给家长提供了机会，让家长陪着孩子一起玩耍，一方面增强了亲子信任感与亲密感，另一方面家长还能了解到孩子身上的不足，及时给予帮助或纠正。

可以说，家长缺席的教育，老师再努力，也是徒劳。家园共育，才能真正把孩子教好。

在参加静云学校亲子手工活动时，我曾被一位年轻妈妈感动。她抱着一个才几个月大的孩子坐在我旁边，一边喂奶，哄小宝宝睡觉，一边教大孩子做手工。我问她：“你的小宝还这么小，怎么不让奶奶代替你参加幼儿园活动呢？”她对我说：“每一次学校的亲子活动都是我自己参加的，我不想错过孩子成长的每一次机会。再辛苦再累我都能坚持。”孩子抬头望了望妈妈，笑着说：“我爱妈妈。”年轻妈妈亲亲孩子脸蛋回应：“妈妈也爱你。”

活动后，静云告诉我，她与那位年轻妈妈的孩子是好朋友。那位同学的妈妈每天晚上都会陪她阅读，现在那位同学被老师称为班上的“小字

典”，可以自己读书了，还能读给小宝宝听。我相信，有这样与时俱进、用心养育孩子的好妈妈，那两个孩子将来都差不了。

3. 家长一定要参加幼儿园的亲子活动，否则孩子会受伤

我侄儿图图读幼儿园时，他父母从来没有陪他参加过一次亲子活动。每次都是奶奶陪伴，有时候运动量大，奶奶不合适，就由我代替参加。刚开始我认为参加了总好过不参加，后来我才知道，孩子需要的是父母，而不是其他人。

亲子活动免不了教孩子感恩父母，替父母捶背、捏腿等环节，也少不了让家长亲亲孩子、抱抱孩子的环节。更有一些孩子大声对父母说：“我爱你，妈妈/爸爸！”，父母对孩子大声说：“我爱你，宝贝！”的环节。看着其他同学都有父母陪伴，可以高声呼喊与表达对父母的感情，孩子就会产生一种巨大的心理落差。每次到了这些环节，虽然我们动作上都敷衍过去了，可是我看到图图脸上的漠然与失落，而不是其他孩子脸上发自内心的笑容，我就觉得心疼。

在这里，我也呼吁所有的家长们，请不要错过孩子幼儿园的各种活动，一定要记得准时出席，孩子在等着你！

尽量与老师保持协调一致

不知道大家有没有听说过关于幼教的这个公式“5+2=0”，5是指孩子在幼儿园接受老师教育的时间，2是指孩子不在校的时间，0是指教学成果。幼儿园阶段是孩子养成良好学习习惯与生活习惯的关键时期，孩子在学校愿意配合老师，各方面做得很棒——对人讲礼貌、有组织、有纪律、爱卫生、爱劳动，可是到了家里，家长却任由孩子懒散、任性，有的家长甚至在孩子面前毫无顾忌爆粗口、领着孩子插队、闯红灯等，孩子刚学好一点，就又被家长打回了原型，回到学校，老师还得重新培养孩子的良好习惯。

侄儿图图一直由奶奶喂饭，进幼儿园才两三天，他已经可以拿着勺子吃饭而不再掉饭菜了。这原本是好事，我鼓励他："图图，听老师说你在学校自己吃饭，表现得不错，在家你也自己吃吧！"他本来是同意的，可是奶奶却不同意，奶奶说："还是奶奶喂吧，你自己吃又挑食，又吃不饱，影响了长身体就不好了。"结果，图图经过幼儿园 3 年学习后，暑假回到家里，依然是奶奶喂饭，甚至很多他应该自理的事情，都是奶奶代劳。

我女儿静云在幼儿园也是自己吃饭，回到家里，奶奶如法炮制想给她喂饭，我极力阻止，让她自己吃。奶奶见了，总是摇头说孩子自己吃不饱、营养跟不上、个子长不高。我仍然坚持让孩子自己决定吃什么、吃多少。当静云挑食的时候，我会告诉她："云云，白豆腐的营养特别高，吃了可以长得高高的；还有这个苦瓜，现在天气热，容易长痱子，吃了苦瓜可以下火哦！"静云有时候会尝一点点，有时候她会摇头说："妈妈，我一看就觉得这个菜不好吃。"我会鼓励她试一试，如果当时不想吃，那就下一次再试一试。很多静云拒绝吃的菜，都在她一次次的尝试中变得爱吃了。

我们无法领着孩子走一辈子，孩子的路总要他自己走，在适当的时候，我们应该学会鼓励孩子自己来。当幼儿园老师正在培养孩子这方面能力与习惯的时候，家长如果与老师保持协调一致，就相当于顺水推舟，轻轻松松就能与老师合力取得不错的教育成果，而不是 0。

那么，家长要如何与老师保持协调一致呢？

1. 家长要与老师多沟通，了解孩子在学校的表现与问题

幼儿园老师虽然对孩子的教育模式与方法一样，可是每个孩子的接受程度却很不一样。有的孩子上课很认真，有的孩子却喜欢讲小话；有的孩子能专心做手工，有的孩子却不敢自己动手；有的孩子与同学相处融洽，有的孩子却不受大家欢迎……家长可以多与老师沟通，了解孩子哪些方面表现得好，哪些方面还有所欠缺，需要家长配合教育。

我经常接送侄儿图图去幼儿园，与老师沟通时，老师告诉我："图图接受能力特别强，就是上课不专心，一会儿讲小话，一会儿自己画画，很少认真听课。"回到家里，我给侄儿准备了两套训练专注力的游戏书。我告诉他："图图，我们来玩个游戏吧，图画捉迷藏！"他赶紧围过来，问我游戏规则。我一边翻开书籍一边向他解说："你看，这儿有一幅大图画，里面藏着旁边这些小图案，我们要把这些小图案找出来，圈出来。你找左边这幅图，我找右边这幅图，谁先找完就谁赢了。如果找到最后实在找不出来，咱们互相帮忙找。你觉得怎么样？"没等我说完，图图已经迫不及待圈出了一幅小图案。

玩了一个多月图画捉迷藏，图图还把书籍带去幼儿园与其他小朋友一起玩。玩游戏的过程中，我会告诉他："一定要专心，从左边找到右边，从上面找到下面，不能分心哦！"他由刚开始总有两三幅图案找不到，到后来基本可以每次都把图案找全。我表扬他："图图，伯母发现你做游戏的时候好专注，好用心啊，你上课的时候，如果也可以一直盯着老师，跟着老师的节奏走就可以更好地学到知识了。"图图抿了抿小嘴说："伯母，老师讲的课，我都会了。""嗯。老师也表扬你学东西快呢，可是其他小朋友还没有学会，还想认真听呀，你也可以当作复习，多复习几遍，你就能记忆更深刻。如果你觉得练得非常熟练了，你可以自己预习后面的内容，不要发出声音，可以做到吗？”图图点头。后来的学习中，老师说图图进步非常大，专心多了，偶尔还讲小话，但次数较之前少多了。

2. 了解孩子的教材，配合老师的学习进度

孩子在幼儿园学习时，如果他学得好，老师会喜欢提问孩子，当孩子答对后，老师会表扬孩子，孩子得到老师认可，会更有信心，学习得更愉快。反之，如果孩子没有学透知识点，家长也从来没有过问，孩子就会继续不会，看到其他小朋友回答得那么好，得到老师的表扬，孩子就会认为自己不行，甚至慢慢自卑起来，变得越来越不爱学习。

当女儿静云读幼儿园时，我希望她可以从一开始就养成良好的学习习惯。我陪着她翻书本，读书本里的内容，让她认真听课，看看老师又讲了什么我没提到的知识点。回到家里，她认真完成老师布置的作业，我只是时不时抽查她。幼儿园几年下来，每一本书，静云都掌握得非常透彻，几乎可以全文背下来，并且当我提出书中的细节问题时，她也可以很好地回答。现在，静云把这种学习习惯带到了小学，并且表现很不错，几乎每次考试都是满分。

3. 家长要积极配合老师，支持老师的各项工作

一位资深的班主任曾经说过这样的话：“家长与老师配合得很好，对孩子的教育会很成功。我可以负责任地说，凡是家长不与老师配合的，结果都是悲剧的。这在我的教育经历中无一例外。”

老师对孩子的态度不仅仅取决于孩子，还取决于家长。特别是极个别的家长护子心切，孩子在学校受了委屈，不分青红皂白跑去学校大吵大闹讨说法，甚至有些暴躁的家长还会对老师动手。另有一些家长根本不把幼儿园当回事，认为孩子只是去混几年而已，没必要太上心。还有一些家长从来不参加家长会，不和老师沟通，还经常在孩子面前诋毁老师……

很多时候，不是老师想放弃孩子，而是被这些不配合的家长逼得无可奈何了。对于孩子来说，最大的悲哀不是被老师批评，也不是经常要请家长，而是老师已经无视他的存在，他做什么老师都不在意，被老师放弃的孩子在幼儿园的生活必定是灰暗的。

再好的幼儿园也代替不了父母的爱和陪伴

朋友小琴只有高中学历，因为学历低、不会说英语，为此她在工作中碰了不少壁。她有了孩子后，下定决心一定要孩子好好读书，好好学习英语。

儿子到了读幼儿园的年龄，小琴把夫妻俩准备买房交首付的钱拿出来，为儿子报了一所收费很高的国际幼儿园。这所幼儿园除了从小教孩子正宗的英语外，还有很多综合素质培训课程，如提升孩子专注力、记忆力等课程。小琴看着别人家的孩子在普通幼儿园只知道天天玩耍，看着自己孩子已经能够进行简单的英语交流时，感慨不已："这钱果然没有白花，孩子进步好快啊！"

幼儿园 3 年期间，看着周围的朋友都买了房子，搬进了新屋，小琴一点儿也不着急，她说："买了房将来也是给孩子的，不如投资在孩子的教育上。"说实在的，听到她这么说，我真的发自内心赞叹她的魄力，而对于国际幼儿园的效果，我也衷心希望物有所值。只是偶尔，我会提醒小琴："你还是多去幼儿园陪陪孩子吧！"小琴说："我要忙着挣钱啊，孩子的小学如果继续上国际学校，初中也上国际学校，到时候有条件了，可以直接出国哦！"

转眼，小琴的孩子要读小学了，小琴没有凑足孩子的学费，一狠心居然刷了一万多信用卡。我们聊天时，小琴一再告诉我："孩子幼儿园的进步是看得见的，小学肯定也会更上一层楼。"然而，小琴的孩子第一次期中考试时却成绩排名垫底。并且老师告诉小琴一个意想不到的结果，老师说小琴的孩子上课总发呆走神，要识记的内容几乎都记不清楚，别的孩子可以当堂做完的作业，他却总是完不成。更让小琴觉得不可思议的是，老师说小琴的孩子英语单词背不下来，英语成绩特别不理想，需要家长辅助孩子补上。老师的一番话就如同晴天霹雳，让小琴不知道如何是好，她问我："你说怎么会这样呢？明明孩子在幼儿园表现得挺好的呀！"我也没有什么好意见给小琴，只能让她多陪陪孩子，听听孩子的心声。

寒假，小琴没有像往常一样为了专心挣钱，将孩子送回老家奶奶那边，而是将孩子留在身边，让孩子陪着她上下班与加班。一段时间过后，孩子由之前的闷不做声，变得开朗了许多，还告诉小琴，他并不希望读什么国际小学，也不希望将来出国，他不想离开爸爸妈妈，只想永远留在爸爸妈妈的身边。小琴一再询问我的意见，要不要把孩子转到身边的普通小学，这样经济压力会小一些，也可以经常陪伴孩子。我让小琴问孩子的意见。结果孩子坚持要继续读国际班，并且每天发愤地学习，用比往常更多的时间在学习上。一年级第二学期，孩子考试成绩并没有明显提高。小琴只好给孩子办了转学，从深圳国际班转回了武汉老家的普通小学。小琴夫妻也都回了武汉工作，一家人天天在一起生活。

我一直很好奇后面的结果。过了一些日子，小琴告诉我，孩子的学习成绩一次比一次提高了，并且她不用加班了，还可以辅导孩子的作业，老公则陪着孩子运动，孩子的身高也有了明显的增长。小琴感慨："也许我真的错了，孩子年龄太小，再好的幼儿园也给不了孩子父爱母爱，给不了孩子亲子关系所带来的安全感啊。只希望现在弥补还来得及。”

其实我们周围很多年轻父母都忽略了陪伴孩子的重要性，也许他们挣了不少钱，也许他们事业有成了，可是孩子却因为父母的缺席，变得叛逆或者恶习缠身了，当我们意识到自己的问题后，可能需要付出比以前多几倍，甚至十几倍、几十倍的努力才能让孩子走上正轨，与父母之间重新建立亲密无间的亲子关系。这并不是危言耸听，因为当初孩子那么信任我们，那么需要我们疼爱与陪伴的时候，我们却无视他们，远离了他们，让他们一次又一次地失望，他们也因此关闭了心扉。想要孩子忘却潜意识里对我们的失望，重新无条件信任我们并不是一件容易的事。甚至，也有可能因为父母不够耐心或者没有找准正确的方法补救，而永远错失了与孩子重新建立亲子联结的机会，等待父母的很有可能是一轮接一轮的问题爆发，让父母心痛不已却又无可奈何。

为什么孩子幼时父母的陪伴如此重要呢？因为幼儿园阶段是孩子性格与习惯养成的关键时期，而父母就是孩子最早的老师，让孩子成长的过程中充满父母的爱，孩子才可以快乐地成长，拥有健康的人格和正确的价值观。其实在孩子看来，就像小琴儿子说的，只要与爸爸妈妈在一起就好。有爸妈的地方就是最好的地方，无论做什么都是幸福的。因为有爸妈在身边就有家，就有温暖，就有爱。